1915 致命龙袍

一代枭雄袁世凯的帝王梦

王巍 王鹤晴 著

新华出版社

图书在版编目（CIP）数据

1915致命龙袍／王巍，王鹤晴著．—北京：新华出版社，2014.11
ISBN 978-7-5166-1281-1
Ⅰ.①1… Ⅱ.①王… ②王… Ⅲ.①中国历史—现代史—研究—1914～1916 Ⅳ.①K258.07
中国版本图书馆CIP数据核字（2014）第241457号

1915致命龙袍
作　　者：王　巍　王鹤晴

出 版 人：张百新　　**责任印制：**廖成华
责任编辑：蒋小云　　**封面设计：**李尘工作室

出版发行：新华出版社
地　　址：北京石景山区京原路8号　　**邮　　编：**100040
网　　址：http：//www.xinhuapub.com　http：//press.xinhuanet.com
经　　销：新华书店
购书热线：010-63077122　　**中国新闻书店购书热线：**010-63072012

照　　排：李尘工作室
印　　刷：北京文林印务有限公司

成品尺寸：170mm×240mm
印　　张：13.25　　**字　　数：**183千字
版　　次：2015年1月第一版　　**印　　次：**2015年1月第一次印刷

书　　号：ISBN 978-7-5166-1281-1
定　　价：28.80元

图书如有印装问题，请与出版社联系调换：010-63077101

目录

第一章　欲与天公试比高 / 001

第二章　如果再回到从前 / 017

第三章　日本趁火打劫 / 032

第四章　筹安会开张大吉 / 047

第五章　袁大总统升职记 / 058

第六章　师生万里赴戎机 / 076

第七章　北洋大佬小算盘 / 088

第八章　将军拔剑南天起 / 103

第九章　护国军鏖战川南 / 118

第十章　半壁江山风雷激 / 134

第十一章　八十三天洪宪朝 / 154

第十二章　自饮夺命“二陈汤” / 171

第十三章　反误了卿卿性命 / 187

参考书目 / 205

第一章　欲与天公试比高

一、皇帝的新衣

1914年1月，北京中南海，亭台楼榭，银装素裹，分外妖娆。

袁世凯端坐在居仁堂的办公室里，正绞尽脑汁琢磨事儿。

不久前，袁世凯当选中华民国正式大总统，并让参众两院全体议员“停职休假”，代之以御用机关——中央政治会议，耳根子清静了不少，处理国事也舒服多了。不过，仍有一件大事让他耿耿于怀。

“二次革命”失败后，革命党人死走逃亡，但革命党人制订的《临时约法》仍未废除。这对老袁来讲，就像一柄悬在头上的利剑，让他寝食难安。况且，临时大总统都“转正”了，《临时约法》也该转正啦，名正言顺，还等啥。

于是，袁大总统提起毛笔，略加思索，刷刷点点，给政治会议下了一道命令：造法机关应如何组织，其职权范围及选派议员应如何规定，均须克日答复，以便公布施行。

要知道，政治会议的议员老爷们都是袁世凯千挑万选的能人，接到“圣旨”后，哪敢怠慢，加班加点，点灯熬油，争取赶在春节前鼓捣出一个实施方案，也让“老头子”过个好年。

1月26日（甲寅年正月初一），政治会议向袁世凯报告“工作成果”：

一、造法机关可定名为约法会议，其职权以讨论增修《约法》为限；

二、约法会议议员共六十人，由中央及各省共同分配，议员由选举产生，选举人必须曾任高级官吏，或有举人以上的功名，或有财产一万元以上者为合格；

三、约法会议议员的被选举人先由政府编造名册，当选人以在名册内者为限。

以上条件是高了点，但由“精英”选出的“精英”，才是真正的“精英”嘛。

所以，对于这个《约法会议组织条例》，袁大总统还是基本满意的。不过，为了做做样子，摆摆姿态，他大笔一挥又加了一条：约法会议作为代立法机关，对本大总统平行行文，不必呈文。

能与袁大总统平起平坐，这个面子不小了。

经过“推荐”、“提名”、“选举”，最后由袁总统圈定，顾鳌、严复、王揖唐等60位约法会议议员名单很快揭晓。

3月18日，约法会议在北京开幕，孙毓筠、施愚当选为正、副议长。

孙毓筠这个老同盟会员，是老袁用来撑门面的。施愚是当时的“法制专家”，也是袁世凯夹带中的高级法律顾问，在约法会议里实际上说了算。

袁世凯高度重视，派代表到会场致辞。

他先是把《临时约法》骂了个狗血喷头：“《临时约法》为南京临时参议院各省都督指任参议员所议决，无论冠以临时之名，必不适用于正式政府也。即其内容规定，束缚政府，使对于内政外交及紧急事变，几无发展伸缩之余地。本大总统证以种种往事之经验，身受其苦痛，且间接而使四万万同胞无不身受其痛苦者，盖两载于兹矣！”

两年了，苦不堪言，我容易吗。

开幕式差不多成了诉苦大会，袁总统“忆苦思甜”，总算出了一口恶气。

“琴瑟不调，改弦更张……”老袁清清嗓子，接着说：“诸君富于学识经验，声望素著，其于吾国民情国势，必有灼见真知，而能谋福利以为根本之解决者。况共和国家，所借以巩固者惟宪法，方今吾国宪法，既因事实上之障碍，而猝难发生，若长守此不良《约法》以施行，恐根本错误，百变横生，民国前途危险不可名状。故本大总统对于此次增修《约法》，固信诸君发抒伟论，必有良好之结果，尤愿诸君宝贵时日，能为积极之进行也。”

最后，袁总统振臂高呼：中华民国万岁！中华民国国民万岁！

决不能辜负总统的期望和重托。约法会议的议员们想总统之所想，急总统之所急，夜以继日，紧张工作。40多天后，在袁总统所提出的“修改约法七条大纲”基础上，一部新《约法》终于“三读通过”，新鲜出炉了。

5月1日，袁世凯正式签署公布《中华民国约法》。

当天，袁世凯非常开心，微笑着对身边人说：“予今日始入政治新生涯矣。”

也难怪大总统这么高兴。

新《约法》共10章67条，全篇贯穿着“大一统”、“定于一”的思想，与《临时约法》和《天坛宪法草案》相比，最大的特点就是把总统的权力扩大到了极致。

比如，新《约法》规定：大总统代表中华民国，对国民之全体负责任；大总统召集立法院，宣告开会、停会、闭会，甚至可以解散立法院；大总统制定官制官规，任免文武职官；大总统为陆海军大元帅，统率全国陆海军，决定军队的编制及兵额。

更为重要的是，新《约法》白纸黑字地写着：“行政以大总统为首长，置国务卿一人赞襄之。”全篇再也找不到“内阁”的字样。

这表明，中华民国的政体无形中由责任内阁制变成了总统制。

对于集权于总统及国家政体的改变，约法会议给出的解释是这样的：

首先，所谓国法，是由社会心理孕育而来，而社会的共同心理，又由一国的历史地理风俗习惯所铸造而成。所以，造法必求适合于国情国势，千万不能附和苟同，更不可“数典而忘其祖也”！

从历史上看，国家的治乱兴亡与政权的统一与否密切相关。一般情况下，政权统一则国家兴盛，政权分裂则国家衰亡。中国国体由帝制骤然变为共和，“实出于因而不出于创”，根本没有社会基础。因此，老百姓心理上还是重政府而轻议会。如果国家元首无权，或权力较小，政权无法集中，群情涣散，恐生大乱。

从地理上看，中国是个多民族的国家，幅员广阔，南北各异，要是没有一个强有力的政府统一管理，各自为政，分崩离析，那就离亡国不远了。

其次，建国伊始，百废待兴，风雨飘摇，当此千钧一发之时，遇事应该当机立断，如果权力分散，意见不一，多方掣肘，必然一事无成，危亡立见。而《临时约法》极力扩张立法权，极力缩减行政权，导致党争不断，哓哓不休，政令不畅，贻误全局。因此，必须“改订约法，扫除障碍”，才能达到刷新政治的目的。

再者，值此国家多难之际，如将挽救危亡的责任交给人民或议会，操作难，见效慢。况且，现在民智未开，程度低下，难以运用议会政治治理国家。所以，“不如得一强有力之政府以挽回之，其收效速而易”。

总而言之，约法会议的“精英”们谈古论今，强征博引，得出一个结论：议会政治万不适宜今日之中国，必须以总揽统治权，属之于国家元首。名以隆大总统之权，实以重大总统之责！

不是皇帝胜似皇帝。

袁总统也觉得这个弯子拐得比较大，有点不好意思，便出来解释一番。

他说：“本大总统以耄耋无能之日月，处民国建设之时期，责任虽有所难宽，职权窃虞其过重。惟事关国家根本大法，究非一人所敢自私，亦非本大总统所能滥用……”

给我担子太重了，我老袁也不想这样，可事关国家大计，也不是我一个人说了算，为国为民，我只好豁出去了。

比较典型的得了便宜还卖乖。

新《约法》给袁大总统披上了一件“皇帝的新衣”。从此，袁世凯在合法的状态下，有恃无恐，为所欲为，成为世界上权力最大的总统。

当新《约法》尚未公布时，《申报》就转载了《论中国政局之将来》一文。文章直言不讳地指出：袁总统拥共和之名，行专制之实，将如何持久？今所谓共和，徒存虚名，易其名则帝制成矣！

二、相国出山

就在新《约法》颁布的当天，袁总统下令撤销国务院，在总统府内设立政事堂，“凡一切军国大事皆由政事堂议决施行”，特任徐世昌为国务卿。

袁世凯一天都等不了了。

在此之前，老袁已经略施手段，让“第一流人才内阁”自行解体了。

在1913年7月组建的“人才内阁”中，进步党人士熊希龄、张謇、梁启超、汪大燮分别任总理（兼财政总长）、农工商总长、司法总长和教育总长。袁系人物朱启钤、孙宝琦、段祺瑞分任内政、外交和陆军总长，掌握实权。

尽管如此，进步党人仍额手相庆，沾沾自喜，准备依靠袁总统的力量实现自身的政治理想，大展宏图。用梁启超的话说，就是“非进步党国家无以保存”。

在梁先生的积极谋划下，“人才内阁”的施政方针很快出台。对内：澄清吏治，整饬纲纪，精兵简政，添设新税，裁汰军费，奖励工商；对外：爱重和平，尊重主权，敦睦友谊，速结悬案等等。

不难看出，“人才内阁”踌躇满志，很想有一番作为。

以梁先生为例，就任司法总长后，四十出头的梁启超雄心壮志不减当年，更加以身作则，励精图治。

他“排日到总统府、国务院、司法部三处，日接客数十，夜则拟法案”。

他多次上书袁总统，要求确保司法独立，实行司法改革。特别强调要“在使审判之际，专凭法律为准绳，不受他力之牵制”。梁总长还认真开展普法工作，将有关法律条文、司法程序制成通俗易懂的布告，在城乡的大街小巷广为张贴，每月一次，广而告之，提高人民的法制观念，以建立法治国家。

对于进步党人这种“给根棒槌就当针”的行为，袁世凯“于心不喜”，颇不以为然。他觉得这些所谓一流人才，都是些穷酸秀才，“仅能提笔作文，不能胜任国家重任”。

袁世凯所控制的政治会议更是对熊希龄、梁启超等人提出的地方和司法制度改革“反对最烈”，以致“各省几至全然办不动”。

其实，袁总统对这拨高级知识分子早就心存顾忌，欲除之而后快了。

“二次革命”爆发时，进步党议员曾在国会中质问当时的赵秉钧内阁擅借外债、外交失败、穷兵黩武、压制言论，惹得老袁一肚子火没地方发。而梁启超更是恃才傲物，指桑骂槐，还说什么“以最下流之人当一国之中坚，其人格之卑污下贱，则举国无出此辈之右”云云。

这话说得太难听了。

那时，袁世凯需要利用进步党对付国民党，进而达到当选正式总统、解散国会、修改约法等一系列政治目的，只好忍了。

但是，忍了不意味着忘了。过河拆桥、卸磨杀驴的好戏更是袁总统的保留节目。

现在，袁总统的计划都一一实现，进步党人还蹬鼻子上脸，熊希龄甚至提出要划清总统与国务院的权限，老袁终于出手了。

借口是现成的，熊希龄的小辫子一直在老袁手里攥着呢。

1914年年初，北京、上海各大媒体重新热炒“热河行宫盗宝案”，添枝加叶，绘声绘色，轰动一时。

案件的当事人熊总理坐不住了，心想这件事袁总统不是压住了吗，怎么又翻腾出来了，人言可畏，众口铄金，这叫我这个总理可怎么当？无可奈何之下，熊总理只好放下身段，写了一封亲笔信，让内务部转交警察厅“查究其事”。

按照我国惯例，上司给下属打招呼“办事”，正常情况下，下属一定屁颠屁颠地把领导的事当做自己亲爹的事，办好办巧办到位，让领导生活舒心，工作安心，事事放心。

可这次很不正常。警察厅长看了熊总理的信后，把嘴一撇，批了八个大字：“交地方检察厅办理。”

更不正常的事发生了。地方检察厅也不含糊，认为总理来信纯属私人函件，不符公文程序，又批了八个大字：“饬具诉状，原件却回”。

堂堂国务总理落得如此下场，熊希龄大梦初醒，如果还赖在位置上不走，后果不堪设想啊。

2月12日，随着“盗宝案”愈演愈烈，熊希龄称病辞职。袁总统立即照准，并任命孙宝琦（袁总统的亲家翁）代理内阁总理。

几天后，梁启超、汪大燮也认清了形势，以“一介书生、未谙从政”为由翩然而去，只剩下张謇因放不下借款疏淮工程而暂时留任。

随着“第一流人才内阁”的垮台，进步党与袁总统的蜜月期结束了。

多年后，梁启超回忆他这段从政经历时说：“当时很有点痴心妄想，想带着袁世凯走上（立宪）政治轨道，替国家做些事情……然而，在中国政界活动，实难得兴致继续，盖客观的事实与主观的理想，全不相应，凡所运动皆如击空也……自此以往，除学问上或与二三朋辈结合讨论外，一切政治团体之关系，皆当中止。”

学究下台，政客上场。

徐世昌，号菊人，1855年出生于河南卫辉。他比袁世凯大4岁，16岁那年与袁结识，二人惺惺相惜，引为知己，结为金兰之好，袁称呼其为“大哥”。在学业上，徐世昌要比袁世凯强得多，而立之年中进士入翰林，那时袁世凯还是个“北漂”青年。

不过，徐大哥在仕途上却略逊于袁老弟，从小站练兵那阵担任营务处总办，到内阁大学士兼协理大臣，一直都是袁最重要的助手和谋士，论资历、威望，在北洋系统中仅次于袁世凯。

几十年的宦海浮沉，使徐世昌深谙中庸之道，老谋深算，处世圆通，人送绰号“水晶狐狸”。

大清国没了之后，已被清廷授予太保加太傅衔的徐世昌决心向伯夷同志学习，表示坚决“不入贰臣之传”，不食民国之禄，跑到青岛租借做起了遗老，高风亮节，不问世事，像个给亡夫守节的小寡妇。

其实，徐世昌是看当时民国初建，党政不断，形势混乱，不想引火上身罢了。

袁老弟做了大总统，自然不会忘了徐大哥。

老袁看出了此中端倪，有意成全老徐，连说：“俟我将这一起浑小子（指国民党人）撵了，再预备着迎接老大哥。”并三天两头写信问候，遇有重大事情还要随时电商。

据袁总统的身边人唐在礼回忆，在民国第一届的唐绍仪内阁中，“小事由赵秉钧一人独挑，大事就必与徐世昌相商，实际上徐好比是宰相，而赵秉钧、王士珍、段祺瑞、梁士怡等是各部大臣，唐内阁不过是遮场的幂幕吧。”

袁世凯将“浑小子”们赶跑后，从1913年7月起，急忙派出吴笈荪、王揖唐、李经羲、袁克定等重量级人物，多次前往青岛“劝驾”，请徐世昌出山组阁，老徐都借故推脱了。

老袁之所以这么急着让大哥帮忙，除了二人是最好的“哥们”、最佳的搭档外，还有更深层次的原因。

对此，记者黄远庸做了透彻的分析：“官僚派则固欲有利用徐氏者，有以今日政局非有总统信任之人为百揆长，不易统一……他人当家，人有异言，徐氏当家则必唯命是听；又如军人派，即以向曾多受徐氏指挥之故，深望徐之复出；其他则积恨朋党之把持者，谓非徐出则不足以扫清；

更有一派新学家向曾受徐恩遇者，则深望徐之出以开新近之路……”

老袁正是看到了徐世昌这种不可替代的作用，才三番五次请徐出山组阁。更何况，深谙驭人之术的袁总统深知，从古至今，中国文人真心做隐士的基本没有几个，徐世昌也不可能例外。

袁总统签署的任命发表后，又派孙宝琦、段祺瑞“造庐劝驾”，请徐世昌“万勿推辞”。

据黄远庸分析：“关于徐之出处共有三说，一说谓徐决不出；一说谓不晓得徐几时来京，一时恐不见来；一说则谓徐非俟见正式命令后，必不来京。记者今日则深信后说为确。盖徐本甚消极，非待至水落石出，决不出也。”

实际上，徐相国也不好再拨总统的面子，半推半就启程赴京了。不过，他还是表白了一番：“世昌夙承知遇，仍当以散员居留京寓，遇有所见，随时献纳，仰备咨询，庶得稍赞高深，以尽其一民之义务。”

有人问了，来都来了，还忸怩什么！

俗语说，寡妇门前是非多。要知道，徐相国这次出山压力还是蛮大的。

就在老徐进京前一晚，他的弟弟徐世光问他：“大哥，你到北京干什么？你以前对我说的一时权宜、不忘清室的那些话，言犹在耳，才两年多，你忘了吗？你现在竟要做民国的官，太后和皇帝封你太傅衔太保，隆恩殊遇，有清一代能有几人。议和之际，你曲从袁谋，已为世人所不谅。今党人已败，你若再为袁效力，盖棺论定，将何以见先太后先皇于地下。”

听了弟弟的话，徐世昌含泪低头，一言不发。

路过天津时，他的老友华世奎又当众质问他：“两年前，你在北京怎么和我说的，我并没有忘，你怎么忘了呢？现在你要做袁的官，这是为什么？”几句话，问得老徐哑口无言，弄个了大红脸。

这时，多亏有位高人在旁解围：“假如出山，也不过是为民国服务，不算做官。”

徐世昌进京后，袁世凯如获至宝，设宴款待，请老徐出任国务卿一职。

徐世昌还是那套嗑：鄙人“衰朽迟钝、世情淡忘、政务隔阂、不敢一试”等等，屡屡辞谢。

袁世凯认准了菊人大哥，认为“非徐莫属”，就又劝道：“难进易退，此为君主时代属于一家一姓者言之。若夫共和政体，天下为公，选贤与能，同服义务。但当学伊尹之任，不当学伯夷之清。”同时，老袁又派出说客，各方敦促者纷至沓来，说什么“当胸怀天下、做官为全国百姓、不为袁氏一人……”

话都说到这个份上了，菊人兄只好“向前走了一步”，答应只是暂时“帮忙”，在众目睽睽之下，坐上了国务卿这把交椅。

由于国务卿承总统之命监督行政事务，总统发布命令须国务卿副署，地位有点像古代的宰相。因此包括袁世凯在内，大家都称呼徐世昌为“相国”。

可徐相国却比较低调，始终坚持“合则留，不合则去”的原则，自书“后乐堂”匾额，悬于政事堂醒目处，取“先天下之忧而忧，后天下之乐而乐”之意，表示自己确实不是来做官的。

政事堂设在中南海遐瞩楼，在国务卿下设左、右两丞，分别由杨士琦、钱能训担任，内设法制、机要、铨叙、主计、印铸等五局和一个司务所，分别由施愚、张一麐、张元奇、吴廷一、袁思亮任局长，吴笈荪为司务所长。其中，机要局总揽政务，权力最大；主计局履行了财政部、审计局大部分职能，握有财权。原国务院各部的重要公文经国务卿核阅后，呈报大总统拍板定夺。

政事堂与各行政部门没有隶属关系，原国务院各部直接对总统负责，政事堂发布的政令上要有“政事堂奉大总统令”的字样。实际上，政事堂只是大总统的一个办事机构，真正的决策权掌握在袁世凯手中。

尽管如此，外间对徐世昌出任国务卿还是好评如潮，声称“如由他人当家，恐误国事于无形之中，而若由菊人当家，则后辈必然唯命是听”，希望众望所归的老徐用中庸之道，止杀息争，文治天下。

政事堂成立后，原总统府秘书厅裁撤，袁世凯权衡利弊，不失时机又进行了一番人事调整。

首先，将秘书长梁士怡调出总统府，改任全国税务督办、公债局总理。

作为老袁的贴身“大秘”，梁士怡知道的事情太多，又兼着交通银行总办，人送绰号“梁财神”、“二总统”，手眼通天，不可一世。

袁克定、杨士琦等人也总在袁总统那说梁的话坏，什么“心怀叵测、勾结军人、欲为总统”云云，多疑的老袁不能不防。

据说，在这次行政机构改革前，梁士怡曾向袁世凯建议说：“如欲扩张总统府，网罗人才，可将秘书厅扩大组织以容纳之，不必另设国务卿了。”老袁听后目瞪口呆，不置可否。

所以，梁士怡及其“交通系”树大招风，功高盖主，老袁这么调整也在情理之中。

拿下了“文臣”秘书长梁士怡，再拿下“武将”陆军总长段祺瑞。

袁段之间的亲密关系自不必说，可段总长久掌兵权，门生故吏遍布军中，性格又刚愎自用，盛气凌人，难免引起老袁的猜忌，渐生芥蒂。

为此，袁总统举重若轻地又露了一手，事先瞒着老段，在总统府设立了陆海军大元帅统率办事处，亲自处理陆军部、海军部、参谋部的重要事务（其他人都是他的“办事员”），集军政大权于一身。

老段知道后，大发牢骚说：“当年朝廷不信任项城，今天倒好，总统也不相信我了。如此下去，他还能信谁呀？”

袁总统听说后可不在乎，给了老段一个统率办事处大办事员的虚衔（大办事员还有荫昌、王士珍、萨镇冰、刘冠雄、陈宧等，其中王士珍作用最大），让其靠边站了。

段总长一气之下也闹起了情绪，把陆军部的活儿一股脑儿都交给了次长徐树铮，自己在家当起了病号。

有一次，袁世凯问段祺瑞一件公事，段祺瑞回答说“要到部查明”。

老袁听后一愣，一脸狐疑地说："怎么还要查明，你不是已经上报呈文了吗？"原来，段祺瑞压根儿就不知道这事，都是由次长徐树铮代劳的。

袁总统本来就烦小徐，这下更不高兴了，事后大发牢骚："咱们北洋团体还成什么样子，华甫要睡到12点以后才起床，芝泉老不到部办公！"

随即，袁总统一纸命令发给段祺瑞："本人总统为国家爱惜人才，未便过听其劳，致增病势，特着给假两个月，并颁给人参4两，医药费5000元，以资摄卫。该总长务以时局多艰为念，善自珍重，并慎延名医详查病源，多方施治，切望早日就痊，立即销假。其在假期内如有军务重要事件，仍着随时入内会议，以抒嘉谟而裨国计。"

袁总统表明上挺客气，暗地里下了手。他指使肃政厅弹劾徐树铮浮报军费，借此将徐免职。

另外，为了安抚进步党人情绪，袁世凯又拿出了"仨瓜俩枣"作为"安慰奖"。比如，任汤化龙为教育总长（后辞职）、张謇留任农工商总长、梁启超为币制局总裁，以示"皇恩浩荡"。

三、终身世袭总统

国会解体后，政治会议和约法会议作为咨询和立法机构已经存在了一段时间，可名不正言不顺的，难免引起非议，绝非长久之计。

因此，袁总统特意在新《约法》中规定：立法机关采取一院制，名曰立法院。立法院未成立前，设立参政院为总统的咨询机关，并代行立法院的职权。

参政院都由哪些人组成呢？

袁总统给画出的道道是：有勋劳于国家者；有法律政治之专门学识者；有行政之经验者；硕学通儒有经世著述者；富于实业之学识经验者。

老袁这么安排，一来是做做样子，笼络人心；二来也是让立宪派们画饼充饥，聊以自慰罢了。

为了把这出戏唱好，袁总统在示好进步党人同时，派人拿着他的亲笔信跑到青岛、大连等前清遗老们的住所，说什么“共和宣布，系政体之更易，并非清室之已亡，望勿以此芥蒂于怀，同出匡济，以救中国之危”，劝说老爷子们出来捧场。再加上“参政”这个头衔津贴不菲，待遇优厚，因此“首阳诸公均连翩而至”，济济一堂，皆大欢喜。

1914年5月26日，参政院正式成立了。

袁大总统任命汪大燮为参政院副院长，林长民为秘书长，前清遗老瞿鸿机、赵尔巽，进步党人熊希龄、梁启超以及袁系的梁士怡、杨度等70多人为参政院的参政。

让谁来当院长呢？

政治会议和约法会议分别让李经羲、孙毓筠牵头，方方面面都照顾到了，效果不错。参政院这么重要的机构，更要找一个靠谱儿的人，才能和袁大总统唱好“双簧”。

老袁想来想去，只有一个人最合适，不过此人不在北京，在武汉呢。此人就是中华民国副总统兼参谋部总长、湖北都督黎元洪同志。

在自己那一亩三分地，黎元洪要风有风，要雨有雨，衣来伸手，饭来张口，日子过得那叫滋润。

起初，大总统对副总统也还不错。老袁挥毫泼墨，书写了四个大字：“民国柱石”，外加100万银元，一起送给老黎，以资鼓励。

随后，袁总统心细如发，又亲自题写了“中华民国副总统府”的匾额派专人送到武昌，替换下了“中华民国湖北军政府都督府”的旧牌匾，以正名位。对此，黎元洪对袁世凯感激涕零。

不过，随着国内形势的变化，黎副总统的好日子到头了。

勉强当选正式大总统的袁世凯，对副总统黎元洪仍心存猜忌。虽表面上看不出黎元洪有什么不臣之心，但难保在一定条件下没有立异之心，更难保有人以拥黎之名，行反袁之实。所以，把这么一个重要人物放在外边，终非长久之计，必须调虎离山，控制起来，确保万无一失。

从1913年10月开始，袁世凯多次借机邀请黎元洪来京“共商国是”。

黎副总统也不傻，早就明白老袁的心思。因此，他一再推说：“极思来京，观光鸣盛”，但“只以鄂省仔肩未释，趋觐需时，北斗京华，谨当望风膜拜。至副总统忝荷虚名……遵就武昌拜受嘉命”。态度极其谦恭，但就是不肯挪窝。

为了使黎元洪就范，袁世凯不惜重金，送给黎在京的代表饶汉祥大洋200万元，让饶劝说黎早日来京。

饶汉祥回到湖北，见到黎元洪说：“湖北年轻的党人都不可靠，你在湖北住着很危险，不如到北京去比较安全。”黎元洪听后一言不发。

随后，袁世凯又多次派人游说黎元洪北上，黎元洪以无人接替或交接费时为由拒绝了。

老袁看软的不行，只好来硬的了。他派出北洋大将段祺瑞南下武汉，“迎请”副总统到北京“磋商要政”。

老段离京前，袁总统向他交了底，只许成功，不许失败，并内定由段代理湖北都督。封疆大吏的诱惑力还是蛮大的。

段祺瑞见到黎元洪就说：袁总统十分想见黎副总统，年年想，月月想，天天想。您北上的专列都预备好了，您就安心上路吧，这里一切有我呢。

去也得去，不去也得去。就这样，黎副总统虽知此一去凶多吉少，但也毫无办法，被连拉带拽，哭丧着脸登上了去北京的专列。

1913年12月10日，黎元洪还在进京途中，袁世凯就发表了段祺瑞暂署湖北都督的命令。

欢迎，欢迎，热烈欢迎！

黎副总统抵京后，袁大总统又把那辆最高规格的金漆朱轮马车派了出来，用来招待副总统，三日一小宴，五日一大宴，拉着黎元洪的手嘘寒问暖，亲热得不行。规定副总统每月薪俸1万元，公费2万元，所兼参政院长和参谋总长的工资另算。

黎副总统住哪啊？

袁总统早就安排妥了。为了老哥俩唠嗑方便，老袁把老黎安置在瀛台，派人把“副总统办事处”的牌子挂到了庆云殿的大门上。

要说这瀛台也是中南海里风景最好的所在之一了，四面环水，琼楼玉宇，奇花异石，人间仙境。可自从出了光绪爷那档子事儿后，瀛台就被蒙上了一层不祥的色彩，成了“软禁之地”的代名词。

黎副总统也觉得不是味儿，每天以诵经、读书、阅报、写字消磨时间，经常“掩卷发悲声”，慨叹道：“遥望汉江，不禁泪下”，并对人发牢骚说，我做了光绪的替身呢。

参政院成立不久，就接了个“大活”——修改《大总统选举法》。

也许有人不明白，《大总统选举法》刚制订还不到一年，怎么就要改了？

不是你不明白，这世界变化快，不改不行啊。

比如：原先的《总统选举法》规定，大总统由国会选举，大总统、副总统同时不能行使职权时，由国务院代行总统的职权。现在，国会和国务院都没了，这不是让大总统难堪吗。

就在这个节骨眼，四川城口县知事给中央提了个建设性意见，呈请将大总统任期改为终身制。

袁总统虚心听取了该意见，将该知事（不仅知事，而且懂事）的想法印发各国务员、各省都督、民政长，广泛征求大家的意见。大家拍手称好，于是提交参政院讨论。

参政院开会讨论《大总统选举法》修正案时，梁士怡有备而来，首先发言，系统地指出了修正案的重要性、必要性和紧迫性。

梁秘书长什么来头，参政们心知肚明，而且拿人家的手短，吃人家的嘴短。干脆，闭嘴举手吧。

8月28日，《大总统选举法》修正案顺利通过。第二天，袁大总统很欣慰地签署公布，昭示天下。

要说老袁也真够绝的，为了节约人力物力，修正后的《大总统选举法》一步到位，直接把大总统“修正”成了终身制、世袭制，震烁古今，永放光芒。

我们来看看主要的几条：

第一，总统任期十年，可连选连任。老袁快60岁了，至多再干两届，这个问题不大，关键在后两条。

第二，继任总统人选，由现任总统推荐3人，事先写在“嘉禾金简”上，锁到“金匮石室”里。

石室位于怀仁堂后，进宝光门、景福门即是，建造费用2万元。金匮系德国所造，重量约20磅，精致异常。金身凿以凸式嘉禾，中间用双线散珠椭圆式样，内嵌金匮二字。其金钥匙长一寸二分，末端嵌以名贵钻石，花费约4000元。

金匮钥匙由大总统掌管，石室钥匙由大总统、参政院长、国务卿各拿一把，选举前大家共同取出，由选举会在3人名单中选出1人为总统。

这条就不大地道了。一是有抄袭大清国立储规则之嫌；二是如果老总统脸皮够厚，在他的N个儿子中找出3个作为总统人选，世袭罔替，子子孙孙无穷尽，也是合法的。

第三，到了换届的时候，参政院可以以决议的方式让总统连任。这就更省事了，选都不用选了，“闭门听，一家和”。

按理说，总统做到这个份上，老袁该知足了。可袁大总统是这么想的：我这叫提半格，还有步。天老大，我老二，这才哪到哪，好戏在后头呢。

第二章　如果再回到从前

一、向孔子致敬

袁世凯是什么时候开始想当皇帝的，我们不得而知。有人说在逼迫清帝退位那阵就有想法，有人说在他就任临时大总统时就初露端倪。可以肯定的是，在“二次革命”后，老袁就把“皇帝工程”纳入工作计划，从意识形态领域入手，制造舆论，潜移默化，循序渐进。

这就要请孔老夫子出来帮忙了。

孔孟之道是中国封建社会的核心价值观，也是维护社会秩序的道德底线。两千多年来，“三纲五常”、“忠孝仁义”之类的伦理标准，已在中国人灵魂深处打下深深烙印。历朝历代的统治者更是把孔圣人奉若神祇，在全国各地建造文庙，顶礼膜拜，以示尊崇。

辛亥革命后，这种情况发生了变化。

民国建立，西风东渐。“忠君与共和政体不合，尊孔与信仰自由相违”的思潮开始流行，中国传统文化受到剧烈冲击。南京临时政府明令各地学校停止讲经读经课，许多地方毁孔庙、撤孔像、去孔位、废孔祀，“推翻孔教之声不绝于耳”。

尤其在革命热情比较高涨的广东、湖南等地区，各县孔庙被改建成学校或习艺所，有的甚至成了流浪者的栖息地。

据旧派人物、湖南内务司长任福黎目击：“各处文庙，兵队杂居，学生寄宿，甚或改作新剧团，演唱戏剧，或占为女学校，晒晾污秽，触目惊心，令人垂涕。其余各省州县之类此者，想亦不少。”对这种“大逆不道”的现象，守旧派们痛心疾首，如丧考妣。

更为重要的是，辛亥革命后的中国社会进入转型期。“老屋推倒，新房未建”，在一片精神废墟上，一些宵小之徒乘机兴风作浪，蝇营狗苟，沉渣泛起，难免给人以人心不古、世风日下之感，这也为保守派们尊孔复古找到了借口。

1913年4月，康有为在《不忍》杂志上发表《以孔教为国教配天议》，慷慨陈词：“今以人心之败坏，风俗之衰敝，廉耻丧尽，气节靡尔，实数千年未有之厉，稍有识者，亦知非崇道德不足以立国矣。”况且，仁义礼智信是人类共有的天性，哪有什么中外新旧之别。我们“孔子之道，凡为人者不能不行之道”。现在一些妄人，想攻击孔子，废除孔教，实在是不知天高地厚啊。“今欲救人心，美风俗，惟有亟定国教而已；欲定国教，惟有尊孔而已。”

对于康圣人来说，礼崩乐坏，忍无可忍，板起面孔发了通牢骚，不足为奇。奇怪的是有的洋人也看不惯了，狗拿耗子管起了闲事。

盖沙令，一个俄国伯爵，不远万里来到中国，在北京、上海、青岛等地非常卖劲地鼓吹道：“孔教者，中国独一无二之根本也，孕育中国之人种者两千余年……今之最险者，当此狂妄以学西法之时，孔教或被废弃，而并无合于华人性质者以代之也。”

除了盖伯爵外，美国的李佳白、英国的庄士敦、德国的卫礼贤、日本的有贺长雄等都认为孔教是“国家风教之大本”，建议政府“保存国粹”。

卫道士们内外呼应，上书通电，痛陈“民德日益堕落，人心日益险诈，党争日益激烈，伦理日益紊乱，纪纲全坏，时事愈危”。要求政府尊崇孔教，速定孔教为国教，将其载入宪法……

从1912年年末开始，孔教会、宗圣会、孔道会、洗心社等组织先后成立，黎元洪、冯国璋、张勋、张宗昌、阎锡山都分别当上了各地孔教团体的会长、名誉会长。《不忍》、《孔社》等刊物公开出版发行，大力倡导尊孔读经。同时，沉寂了很久的春秋丁日祀孔、孔子诞辰纪念等活动也在各地开展起来。

到了1913年夏秋之际，官方终于出面了。袁世凯发布命令说：道德为本，法律为用，“忠信孝悌”为立国根本。孔子为万世师表，儒家学说放之四海而皆准。所以要“宗仰时圣，遏横流，循正轨，正人心，培国本……”

领袖都发话了，有关部门立即行动。

教育部宣布，每年旧历八月二十七日（孔子生日）为圣节，全国各学校放假一日，向孔圣人行礼，并在修身或国文课程中，以孔子的微言大义为要旨，开展经训。

交通部也不甘落后，发布利好，规定乘京奉、津浦铁路火车到曲阜参加大成节人员的车票一律减价。

9月27日，在曲阜召开了礼教会第一次全国代表大会，2000多人到会，国会、内务部均派代表参加。

同一天，孔子诞辰纪念会在北京召开，孔社副社长饶智元代表袁世凯在会上致词说：“今天下人心浮气扬，乱臣贼子遍于国中，大总统本仁义之心以平乱，本仁义之心以教民，本仁义之心以推尊孔子，更欲孔社同人本仁义之心以宏斯教。”

会后，袁总统说到做到，向孔社捐款3000元，献出了一颗“仁义之心”。在曲阜的第76代“衍圣公”孔令贻听说后，急忙带着孔氏世谱、孔庙碑碣拓文和前代衣冠，跑到北京向袁总统致以最崇高的敬意。

袁大总统很是欣慰，亲自接见了“小圣人”，“瞻览之余，益深钦仰”，当面夸赞道：“孔子之道，日月经天，江河行地，树万世之师表，亘百代而常新……”

随后，袁世凯授予孔令贻一等嘉禾勋章，重申“衍圣公”及其后裔

“膺受前代荣典均仍其旧”，岁俸2000银元，世袭罔替。另外，每年给孔家拨付祭祀费12000银元，孔氏祀田（约100万亩，以曲阜为中心遍及数省）仍归其私有，并由国家代为征收田赋。同时，令山东兖州镇守使田中玉派兵驻守曲阜，保护孔林孔庙。

得到如此褒奖和殊荣，孔令贻受宠若惊，感激涕零，决心誓死效忠袁大总统，一再恳请免提祀田，收回祭祀公费，袁世凯只好批准。

这么折腾还不够，袁世凯还要把尊孔常规化、制度化。

1914年1月，政治会议通过了袁世凯提交的祭天、祀孔案。决定以农历春秋两丁为祀孔之日，其规制与祭天相同；大总统在北京文庙主祭，各地行政官员在当地文庙主祭；每县设一名奉祀官员，管理文庙事务和祭祀活动，每个星期日开设明伦堂，召集周边百姓宣讲人伦道德。

1914年9月28日，是秋祭孔子的日子。

在此之前，政事堂礼制馆拟定了《祀孔典礼》，财政部拨专款修缮了北京孔庙，袁世凯也发布了《大总统祭圣告令》。

袁总统在告令中说：中国数千年来，立国根本，在于道德。凡国家政治，家庭伦纪，社会风俗，无一非先圣学说，发皇流衍……近自国体变更，无识之徒误解平等自由，逾越范围，荡然无守，纲常沦弃，人欲横流，几成为土匪禽兽之国……本大总统躬膺重任，早作夜思，以为政体虽取革新，而礼俗要当保守……故尊崇至圣，出于亿兆景仰之诚，绝非提倡宗教可比。

为了不使中国沦为“土匪禽兽之国”，祭孔这天一大早，袁世凯头戴平天冠，身穿十二团大礼服，下围褶紫缎裙，带领文武官吏，浩浩荡荡，来到北京孔庙，向孔圣人的牌位三跪九叩，嘴里念念有词，着实做了一把孝子贤孙。

回来后，袁总统还嫌磕头不过瘾，又自掏腰包，向孔庙捐献5000块大洋，以彰仁义。

榜样的力量是无穷的。

在总统的带动下，全国文武官员纷纷效仿，跑到当地孔庙进行祭拜。一时间，被冷落很久的文庙香烟缭绕，人声鼎沸，热闹非凡。

但也有跟不上形势的。比如，章太炎先生就是一个。

章先生这几年过得很不如意，患上了严重的神经衰弱症。“二次革命”期间，他又来到北京，准备以国学泰斗的身份办个“考文苑”，预计要花个二十来万吧。

可惜，袁政府嫌花费太多没有同意。章先生一气之下，又组织了“国学会”，讲授国学大义，顺便大骂康有为等人，并规定凡入孔教者不准入会，公开和“尊孔运动”唱反调。

这还不算新鲜事儿，还有更“爆料”的呢。

有一天上午，章先生兴许是头天晚上又没睡好，脚穿官靴一只，手执团扇一柄，柄下系以勋章，坐着洋车大摇大摆来到新华门，要求面见袁总统。

总统府招待室的人一看章先生这副打扮，心里好笑。但是既不能通报，也不能得罪，只好敷衍说：“总统正在会客。”

章先生问：“会哪一个？”

接待员答：“会熊总理”。

过了好一会，章先生又问：“现在会谁？”

接待员回答：“会向瑞琨（曾任农工商部代总长）。”

章太炎大怒，说道：“向瑞琨，系一小孩子尚可会，何以不会我？”说罢，指名道姓要见秘书张一麟。

接待员不耐烦了，说道：“已赴政治会议。”

章太炎又要求见其他秘书，其他人推三阻四谁也不愿惹火上身。这下，章先生不干了，厉声大骂，把接待室的桌椅板凳都砸了。光天化日之下，竟敢大闹总统府，成何体统！

袁总统也被惊动了，无计可施，只好派人连哄带劝用车把章太炎关进一间空房，后来把章先生软禁在龙泉寺，直到袁氏倒台才被放了出来。

一个“章疯子”无足轻重，“好戏”还要接着演呢。

1915年年初，参政院通过决议，把“忠孝节义”作为“中华民族之特性，立国之精神”。为了弘扬这种精神，全国各学堂一律将《孟子》、《论语》等儒家经典列入学习科目，早晚诵习，深明大义。

此外，凡“孝行卓绝著闻乡里者，妇女节烈贞操可以风世者，特著义行可称扬者，耆年硕德为乡里矜式者”，均由大总统题字授匾或赠予金银奖章，如果想“建坊立碑”流芳百世，也是可以的，以促使“人人激发其天良”。

袁世凯不遗余力倡导孔孟之道，自然有着深刻的时代背景和政治目的。当时的报刊一针见血地揭露说，尊孔活动只不过是“借祀孔之名，为收拾人心之具，帝制复活之实”。

为了掩人耳目，袁世凯反复说尊孔是为了让人民“恪守礼法，共济时艰，巩共和于不敝”。可后来的事实证明，老袁说谎了。

对于这一点，还是鲁迅先生说得入木三分：孔夫子在中国，是权势者们捧起来的，是那些权势者或想做权势者的圣人，和一般的民众并无什么关系。然而对于圣庙，那些权势者也不过一时的热心。因为尊孔的时候已经怀着别样的目的，所以目的一达，这器具就无用，如果不达呢，那就更无用了。

二、寻根之旅

在尊孔的同时，复古运动也蓬勃开展起来。

以袁世凯为代表的从大清国走来的旧官僚们，对过去的事物总是念念不忘，津津乐道，情有独钟。革命党那帮“浑小子”被打跑后，官老爷们更来劲了，有恃无恐，想方设法去寻找从前的影子。

政非旧不举，人非旧不用。

1914年2月，在全国范围内举行了县知事选拔考试，报名资格最低要有法政学堂毕业文凭。第一轮笔试阶段录取名单公布后，新式学堂毕业生占了大多数。可令人不可思议的是，第二轮面试结果出来后，被录用的都是50岁以上官场“老油条”。

落榜的人不干了，集体上书内务部，义愤填膺地指出：“政府既抱定用人求旧、力排新进之方针，即不应规定毕业资格。乃条例若彼，而考试若此，何以见信于天下？”

袁总统听说这事后，压根儿没往心里去，继续开始他的“寻根之旅”。

5月23日，袁政府下令改革地方官制，在省以下增设道，形成省、道、县三级行政机构。

官称也要改，要“仿古”。各省民政长一律改称巡按使，各道的长官称道尹，各县长改称县知事，管理京畿的官称为京兆尹。

巡按使的权力比较大，除原民政长的职权外，可以监督司法并调动部分地方驻军，就像前清巡抚一样。巡按使手下的道尹、县知事也可以升堂问案，原各地设立的初级审判厅、检察厅被取消，“司法独立”名存实亡。

改完地方改中央。袁总统一点不嫌麻烦，总统府秘书厅改称内史监，在平政院设肃政史，又将文官分九等，即上卿、中卿、下卿，上大夫、中大夫、下大夫，上士、中士、下士。

老袁兴致勃勃，论资排辈，大加封赏。授徐世昌为上卿，赵尔巽、李经羲、梁敦彦为中卿加上卿衔（享受上卿待遇），杨士琦、朱启钤、孙宝琦、梁士怡、张镇芳、陆征祥、张謇、熊希龄等为中卿，梁启超、杨度、孙毓筠等为少卿……其他人按照资历以及和袁总统的亲疏度以此类推。

受封者也欣欣然，不知所以。

有人甚至沿袭早年间中举登科后在大门处贴“报条”的传统，在自家门首贴上“贵府新大老爷奉大总统令授为上大夫并加少卿衔”的红字条，借以光耀门楣。

文臣安排妥帖了，再安置武将。

原各省都督现在不能叫“都督”了，改叫“将军”。当然，这个将军也不能乱叫，要因人而异，因地制宜。比如，有督理各省军务职能的将军（简称督军），在所驻省会开府建衙；不做督军的将军，在北京新设置的将军府供职，打入冷宫，待遇优厚。

做督军的都是袁总统比较放心的人。主要有：

江苏督军、宣武上将军　冯国璋

湖北督军、彰武上将军　段芝贵

广东督军、振武上将军　龙济光

奉天督军、镇安上将军　张锡銮

山东督军、泰武将军　靳云鹏

山西督军、同武将军　阎锡山

浙江督军、兴武将军　朱瑞

江西督军、昌武将军　李纯

安徽督军、安武将军　倪嗣冲

陕西督军、咸武将军　陆建章

四川督军、成武将军　胡景伊

广西督军、宁武将军　陆荣廷

云南督军、开武将军　唐继尧

在将军府上班的主要有：建威上将军段祺瑞、昭威将军蔡锷、宣威将军蒋尊簋、扬威将军张凤翙等。

至于让谁在地方当督军，让谁进北京享清福，都是老袁一个人说了算。

有将军就得有元帅啊，将军们一起哄，尊袁世凯为“神武大元帅”。老袁也很得意，心想：经我这么一摆弄，各就各位，天下英雄尽入我彀中矣。更为重要的是，手底下这么多爱卿、将军、士大夫，再叫总统就不合适啦，只能称皇帝、天子，才符合这么至高无上的身份呢。

做天子，受命于天，为天牧民，最重要的活动莫过于祭天了。在明清两代，祭天典礼是皇帝每年的“必修课”之一，一般在冬至举行。届时，皇帝率领百官来到天坛，三叩九拜，祈求来年风调雨顺，国泰民安。

过去皇帝做的事，袁世凯也要做。

1914年年初，老袁向政治会议提交了《祭天咨询案》，政治会议哪敢怠慢，举双手双脚赞成，急忙通过了一个《祭天案审查报告书》。2月，袁总统据此发布《祀天定为通祭令》："祭天之礼，自古攸隆，有其举之，莫敢或废……"不几天，就完成了关于祭天的法律程序。

随后，在政事堂设置礼制馆，由徐世昌兼任馆长，并高薪聘来一些老学究，翻箱倒柜地收集相关资料，研究制定祭天礼制和所需冠服式样，具体筹备事宜则由内务部负责。

但不管怎么说，现在毕竟是民国啊，这么明目张胆地搞"封建迷信"活动，怎么也得有个说法。

对此，内务部总长朱启钤解释说："忽视祭天，对民国政府来说是有危险的。全国农民根据阴历查看有关播种、收获以及其他农事的仪式。如果废除现在政府已经确定要举行的冬至祭天典礼，而跟着来一个荒年或大歉收，全国人民定要责难政府的。祭祀并不能一定保证丰收，但无论如何，却可以减轻政府的责任。"

也就是说，祭天是中国的"优良传统"，与国体不相抵触。况且"天视民视，天听民听，民之所欲，天必从之……尤与民主精神隐相翕合……"

话虽这样说，真正要做到新旧结合、与时俱进，也挺不容易，比如说祭冠、祭服的样式。

本着"合乎古而不戾于今"的大原则，经过一再讨论，多次修改，并报袁大总统同意，礼制馆颁布了《祭祀冠服制》和《祭祀冠服图》。规定祭天所用衣冠"均为临祭而设，惟求适宜相称，文采章施，厘然有序，用昭敬恪"。祭冠在传统样式的基础上，减少了笄与缨，增加了组缨。祭服采用汉服样式，上衣下裳，宽袖右衽，按照官员级别绣有不同纹章。比如：大总统为十二团大礼服，特任官穿九团大礼服，简任官穿七团大礼服，荐任官穿五团大礼服。

12月初，祭天典礼进入倒计时。大批军警进驻天坛，天坛里主要道路用黄土垫平，并安设汽灯、电灯，坛墙及祈年殿、圜丘等处进行了修整，撤换镌有满文的殿堂匾额。

19日，袁世凯带领参加祭祀的官员开始了为期3天的斋戒，清心寡欲，沐浴吃素。这天，除必要值班人员外，各政府机关、学校休假一天。

21日，袁世凯颁布祭天告令，京师警察厅通告交通管制有关规定。下午两点，文武官员穿戴整齐，汇集天坛，按照《祀天通礼》制订的程序举行祭天演习，一直折腾到天黑方才离开。

22日夜，北京实行宵禁，停止夜市和夜戏，警察挨户通知不许民户留宿亲友，每户须具十字连环结，正阳门和天桥周围的地摊也都被“城管”赶走。

终于到了23日，天还没亮，正阳门到天安门的马路上，净水泼街，黄土垫道，十步一岗，五步一哨，禁止行人通过。从正阳门到天坛，沿途官署、商铺悬挂国旗，数千军警荷枪实弹，往来巡逻，虎视眈眈，不准往来民众停留观看。

早6点，袁世凯乘装甲汽车离开总统府，步兵统领江朝宗、警察总监吴炳湘、总统府总指挥使徐邦杰等人带领卫队骑兵，前呼后拥，戒备森严。车队出正阳门向南到达天坛，在坛门外换乘四角垂以璎珞的双套马朱金轿车，到昭亨门外又换乘竹椅显轿来到坛前。

袁总统在朱启钤等人引导下，从昭亨左门进入更衣幄，更衣盥洗后，司祀官呈上祝版。

祝文是事先拟好的，没几个人能读得懂，老袁装模作样地看了一眼，就署上了名字。

随后，大礼官恭请大总统行礼。袁世凯进入棂星门，在荫昌和陆锦左右搀扶下，率领文武官员依次在台阶上站好。

此时，圜丘已经修缮一新，每个栏柱旁边都站着一名盔明甲亮、手持长矛的士兵（就像拍古装戏的群众演员）。御道两旁还有200多名身穿蓝袍、手拿各种仿古乐器的乐师。

大典开始了，黄钟大吕奏响“和”乐。之所以称“和”乐，也是有讲究的，以示“共和”嘛。

在祭祀官的指引下，袁世凯从南面登上圜丘，举行“燔柴”仪式，就是点燃一堆篝火。老袁率百官面向北四鞠躬，并敬献丝绸，礼成。

接着，献祭肉祭酒。有人将一盅热汤送到老袁手上，老袁将汤举过头顶，分三次将汤浇在祭肉上。随后，在古乐声中，“八佾舞于庭”，祭祀官大声诵读祷文，袁世凯向上天敬献美酒，并带领百官朝祭坛叩首。

祷文有好几篇，不同的祷文配以不同的音乐，而每念一篇祷文，袁世凯都要磕四个头，这可是个力气活儿，把老袁累得够呛。

好容易磕完了头，把祭肉从坛上撤下（由参加祭祀的官员分而食之），将一块玉玺摆到祭坛中央，再把祷文、丝绸、祭酒等祭品放到篝火上焚烧，袁世凯等人伫立凝视祭品燃尽……

整个祭祀大典进行了两个多小时，才曲终人散。

袁世凯的祭天活动在全国上下引起了强烈反响，有的说是“重建礼制”，有的说是“帝制之先声”，众说纷纭，褒贬不一。不过，老袁这么一搞“穿越”，有人跟着乐坏了。

三、清风徐来

1914年，耄耋之年的湖南名士王闿运被袁总统请到北京，就任国史馆馆长。王闿运是杨度的老师，也是著名经史学家，属于大师级的人物。

一般来说，够得上叫“大师”的就要有些与众不同，王老也不例外。据说，王老无论走到哪，身旁总跟着一周妈，形影不离，甚至参加总统府宴会也不例外。

这个女人很不简单，“鸡皮鹤发而妆饰殊明艳”，口才极佳，全面负责王老的吃喝拉撒睡，把王老照顾得舒舒服服，在人前称呼王老为“我们家老王”，自然亲切。时间长了，大家见怪不怪，美其名曰：上炕老妈子。

王老到京后，兴致很高，分别给总统府和政事堂撰写了对联和匾额。给总统府的对联是：民犹是也，国犹是也；总而言之，统而言之。横批为：旁观者清。给政事堂的匾额写的是：清风徐来。不愧为国学大师，出手不凡，一个“清”字用得妙不可言。

清帝退位后，“最大赢家”袁世凯心情相当复杂，对待清室的态度也相当暧昧。逢年过节，总统府都要派人进宫道贺，以示尊崇。

1913年2月，住在宫里的隆裕皇太后终因抑郁成疾，溘然长逝，享年42岁。民国政府按照“国葬”规格，在太和门举行了隆重的全国国民哀悼大会，各部门下半旗志哀，文武官员臂缠黑纱，各学校停课一天，停止一切娱乐活动，缅怀这位“女中尧舜”。

袁世凯异常悲痛，向清室表示：“凡我五族人民有进于文明，跻于太平之希望，皆仰荷大清隆裕皇太后暨大清皇帝天下为公，唐虞揖让之盛轨……我五族人民感戴慈德，如日月之照临，山河之涵育，久而弥昭，远而弥挚……”

治丧期间，辛亥年间作鸟兽散的遗老遗少们齐聚北京，一个个朝服补褂，翎顶辉煌，招摇过市，有的甚至连开路的仪仗都摆了出来。

北京的老百姓交头接耳，纷纷议论是不是大清国“又回来了”。对此，袁总统睁一只眼闭一只眼，假装不知道。

清朝遗老们一看民国总统都这态度，就更来劲了。

这年冬天，举行了光绪和隆裕灵柩的奉安大典，让这对生前没有同衾的夫妻，死后也要同穴。袁世凯派出梁士怡、朱启钤、荫昌等政府官员前往祭奠。

崇陵位于易县清西陵内，帝后灵柩暂厝于西陵以东的梁格庄行宫。谁也没想到，在这里竟上演了一场让人哭笑不得的闹剧。

按例，安葬崇陵前要举行隆重的祭奠仪式，参加仪式的主要是前清遗老和民国政府官员。遗老们自不必说，那些民国官员也都做过清朝的官，在这个特殊的场合大都换上了清朝的素服，行三跪九叩的大礼。但是，也有少数人仍旧西装革履，行鞠躬礼，显得比较刺眼，外交总长孙宝琦就是其中的一个。

正当人们行礼时，前清翰林梁鼎芬一眼瞅见了孙宝琦，不禁怒从心头起，恶向胆边生，走到孙宝琦面前，用手指着孙的鼻子破口大骂："你是谁，你是哪国人？"

孙总长原本和梁鼎芬很熟，听到这话，一下子就愣了。其他人也不知道发生了什么事，都围了过来。

梁鼎芬越说越来气，用颤抖的声音大声说："你忘了你是孙诒经（同光名臣）的儿子！你做过大清的官。你今天穿着这身衣服，行这样的礼，来见先帝先后，你有廉耻吗？你是个什么东西！"

听他这么一骂，遗老们义愤填膺，你一言我一语，恨不得把孙宝琦活吞了。孙宝琦吓得不轻，脸都白了，一个劲儿地作揖认错，这才逃过一劫。

遗老们之所以理直气壮，腰杆子这么硬，与袁世凯玩"复古"密切相关。他们纷纷猜测，难道是袁总统难忘旧主，回心转意，要恢复大清了？

劳乃宣就是这么想的！

对于劳乃宣我们并不陌生，他就是那个在前清资政院里主张将无夫之妇通奸定罪的"白票党"骨干（见第一部《1911大清国是怎么没的》），著名的卫道士。他特意从青岛跑到北京，连续发表《共和确解》、《君主民主平议》等文章，宣称"项城之心，实未忘大清也，其不忘故，实为众所共见"，大肆鼓吹"还政于大清"。

王闿运的弟子、国史馆馆员宋育仁也忍不住跳出来，公开发表演说，为清廷复辟摇旗呐喊，闹得满城风雨，人们甚至称1914年为"复辟年"。

在这种大气候下，有些地方的复辟浪潮一浪高过一浪，有人甚至穿上大清的官衣，洋洋自得地坐着绿呢大轿出来摆谱，后边还有一大群人跟着起哄。

一些外国人也唯恐天下不乱，希望中国恢复帝制。日本驻京记者佐原笃介说：“如果袁世凯真正想要一个强大的中国，最好让他找一个好机会吁请宣统重当中国皇帝，而袁本人应当满足于充当帝国的宰辅！”

清室内务府总管大臣世续闻风而动，特意拜访了把兄弟袁世凯，想摸摸袁的底牌，试探性地问清室是否要从紫禁城搬到颐和园。

袁世凯笑着说：“大哥你还不明白，那些条条不是应付南边的吗？太庙在城里，皇上怎么好搬？再说皇宫除了皇上，还能叫谁住？”

话虽这么说，但遗老们这么折腾，闹得实在不像话，袁世凯觉得不对劲了，这都哪跟哪啊，应该采取行动了。

袁世凯借肃政史夏寿康等人“请杜乱防嫌”的条陈，指示内务部以“动摇邦本，淆乱人心”的罪名，把宋育仁逮了起来，关了几天后又送回原籍，省得他在跟前总添乱。

随后，把一个倡言复辟的倒霉蛋儿裘平治斥责了一通：“不意化日光天之下，竟有此等鬼域行为，若非丧心病狂，意存尝试，即是受人指令，志在煽惑，……严行查拿，按律惩治，为猖狂恣肆冒不韪者戒！”

裘平治是个湖北商人，不知哪根神经搭错了，还是吃饱了撑的，不好好做生意，到处呼吁“帝国立宪，缓图共和”，正好撞到枪口上。

接着，参政院提出复辟言论“有淆乱国体，离间五族，危害清室，惹起外患，酿成内乱诸大害”，请求照《新刑律》内乱罪依法惩治，防患未然。政府也发布了查禁复辟谬论的命令：“查紊乱国宪，《刑律》订有专条，法令森严，势难姑息。嗣后遇有诞妄之徒散布此等莠言者，即当严加禁制，其或显有不法行为者，应即随时查拿，按照《刑律》罪分别惩办。”

其实，袁世凯从来也没想过让大清国死灰复燃。不过，复辟帝制的鼓噪又让他看到了希望，毕竟还有人幻想回到有皇帝的时代嘛，说明恢复帝制还有一定的社会基础，关键问题是皇帝由谁来做。

1914年11月，袁总统出席了政事堂专门讨论复辟问题的会议并做了重要讲话。他说："宣统满族，业已让位，果要皇帝，自属汉族；清系自明取得，便当找姓朱的，最好明洪武后人，如寻不着，朱总长也可以做。"

朱总长指内务总长朱启钤。袁世凯说这话也许是半开玩笑性质的，朱是袁的部下，要做皇帝怎么也轮不到他呀。据参加会议的内务部次长张国淦回忆，老袁这段话"使在场的人深感其用心，正堪寻味也"。

我们中国"拍马屁"、"捧臭脚"之流向来是人才济济。也赶巧了，就在袁总统在会上说这个段子的同时，有一个叫张沧海的广东人，居然考证出袁总统是明末抗清名将袁崇焕之后裔，有根有据，有鼻子有眼，并编纂成袁氏族谱，上呈总统府。

这本族谱传到了梁士怡那里。梁秘书长多有心眼儿啊，看到族谱，如获至宝，这真是千载难逢的良机啊，赶紧借题发挥，向参政院提议："请将袁崇焕附祀关岳庙，其文歌颂袁崇焕，使崇焕以前而有崇焕其人者，则满洲军将不能越辽河一步；使崇焕以后而有崇焕其人者，则满洲军尤不能越榆关一步，崇焕一日不去则满洲一日不能得志于中国。"

袁大总统听说后，更是眉开眼笑，龙心大悦，直夸梁秘书长有头脑、有眼光，会办事。

梁士怡的逻辑是这样的：袁崇焕是反清复明的民族英雄，袁世凯是袁崇焕之后，一脉相承，满门忠烈，老祖宗没有完成的反清大业，袁世凯做到了，他不仅逼迫清室退位，还做了国家元首。现在如果真需要个皇帝，又找不到朱明后裔，那袁大总统就是不二人选了。

正当国内的复古浪潮愈演愈烈之际，来自东邻日本的一个坏消息彻底搅乱了袁世凯的好心情。

第三章 日本趁火打劫

一、飞来横祸

这的的确确是个坏消息，坏得一塌糊涂。

1915年1月，刚刚述职归任的日本驻华公使日置益请求觐见袁大总统。这本来是一次例行召见，袁世凯爽快地答应了，可召见的整个过程却令袁总统刻骨铭心，终生难忘。

召见地点在居仁堂，时间是1月18日上午10点，日方的参加人员除了日置益外，还有参赞小幡酉吉、书记官高尾亨。中方有外交次长曹汝霖等人陪同。

宾主双方寒暄一阵后，日置益起身向袁世凯深深鞠躬，双手呈上一份文件，一字一句地说："日本政府对大总统表示诚意，愿将多年悬案和衷解决，以进达亲善目的。兹奉政府训令，面递条款，愿大总统赐以接受，迅速商议解决，并守秘密。"

袁世凯莫名其妙，不知日本人葫芦里卖的啥药，就没吱声。

见袁世凯不说话，日置益接着说："日本人民皆反对袁总统，彼等相信总统为有力的排日者，其政府亦采远交近攻之政策。总统如接受此种要求，日本人民将感觉友好，日本政府从此对袁总统亦能遇事相助。"

按照国际通例，一国向另一国提出照会或声明，应该事先通过外交渠道进行沟通，基本不会出现外国使节直接向国家元首提出要求的情况。

因此，袁世凯听后十分不悦，接过文件随手放到桌上，敷衍说：“中日两国亲善，为我之夙愿，但关于交涉事宜，应由外交部主管办理，当交曹次长带回外部，由外交总长与贵公使交涉。”

日置益也不好说什么，只好结束了这次难堪的会见。

日置益等人走后，老袁静下心来，拿起文件仔细一看，不看不知道，一看吓一跳，顿时脑子一片空白，真是当头一棒，晴天霹雳。

文件白纸黑字写了不少，主要内容如下：

第一号，关于山东者，中国允许日本继承德国在山东的一切权利，山东省内及其沿海土地岛屿不让与或租与他国；由日本修建由龙口至胶州铁路；开山东省内主要城市为商埠。

第二号，关于南满、东蒙者，中国承认日本在该地的优越地位，旅大租借期及南满、安奉两铁路管理期展至九十九年；日本在南满、东蒙享有土地租借权、所有权，自由居住往来，经营工商矿业；中国如允他国在南满、东蒙建造铁路或向他国借款修造铁路，或将税课作为抵押向他国贷款，或聘用政治、军事、财政顾问、教习，均须得到日本同意；吉长铁路归日本管理。

第三号，汉冶萍公司由中日合办，属于该公司各矿的附近矿山，不准他人开采。

第四号，中国沿海港湾、岛屿，概不得让与租与他国。

第五号，关于全部中国者，中国政府须聘用日人充政治、军事、财政顾问；中国警察作为中日合办，或聘用多数日本人，中国所需军械的半数以上向日本采购，或中日合办军械厂；中国允给内地日本所设医院、寺院、学校以土地所有权，中国允许由日本修造武昌至九江，南昌至杭州，南昌至潮州铁路；日本对于福建筹办铁路、矿山、整顿海口有优先投资权。

文件共分五号，每号含若干条，合计21条。其内容与日本强迫朝鲜接受的各项保护条约基本相似，这就是近代史上臭名昭著的灭亡中国的

“二十一条”。

袁总统看后大发雷霆，大叫：“真是岂有此理，我就是当皇帝，也不当日本的皇帝！”随手在文件上批道：“荒唐荒唐、实堪痛恨！”

袁世凯在不知情的状态下，看到如此苛刻的条款，其震惊程度可想而知。

那么，日本人究竟哪根神经搭错了，突然理直气壮地提出这些要求呢？这还要从国际大气候说起。

1914年6月，第一次世界大战爆发。德、奥结成同盟国，英、法、俄为协约国，双方大打出手，整个欧洲战火连绵，乱成了一锅粥。

看着洋人们自己掐了起来，北洋政府哪敢吱声，急忙宣布严守中立，两边谁也不敢惹。

8月5日，袁世凯发布命令：“奥塞等国失和，中国因皆系友邦，已布令恪守局外中立，凡通商口岸等处各国人民财产、教堂及各国使馆一体慎加保护。”

11日，北京政府中立办事处成立，梁士怡、孙宝琦负责办理中立事务。

北洋政府不仅自己“中立”，还希望日本劝告交战诸国限制战区，勿及远东，以缩小战祸。

然而，与中国人不同，欺软怕硬是日本民族的一个显著特色。大隈首相明确表态：“如东方有战，日本不能中立。”

原来，一战烽火燃起，日本人可乐坏了，认为千载难逢的机会到了，竟公然欢呼此为“天佑神助”。

日本元老井上馨公爵在写给大隈重信首相的信中说：“此次欧洲的大祸乱，是对大正时代发展日本国运的天佑……大正新政的发展，将为日本与欧美列强并行提携……日本应该立刻举国一致，停止政争……和英、法、俄联合起来，确立日本在东洋的权利。”

也难怪，作为列强“小弟”的日本，平时要看着“大哥”的眼色行事，现在“大哥们”打得不亦乐乎，根本无暇顾及亚洲事务，如果乘机独占中国，就算将来西方列强缓过劲来，生米做成熟饭，也无可奈何。

机不可失，失不再来，“小弟弟”开始行动了。日本人这次的目标是山东。

1897年，两名德国传教士在山东曹州被人打死，德国借机强迫清政府签订了《胶澳租借条约》，德国获得了租借胶州湾99年、胶济铁路的铺设权及其铁路沿线30里内的矿产开发权，山东由此成为德国的势力范围。

而作为德国在远东的最大军事要塞和海军基地，到1914年，青岛已成为一个相当大的港口城市，有4万人口，其中2000左右是欧洲人，主要是德国人，日本人不到1000，中国人在3.4万以上。

8月23日，日本政府宣布加入协约国一方，并对德国宣战，进攻驻扎在青岛的德军。此前，德国驻华代办马尔岑曾照会中国政府外交部，请求禁止交战国军队通过中国领土，表示德国可以将胶州湾和青岛归还中国。

无独有偶。英国公使朱尔典也向梁士怡透露说：“英日联盟，日必助英，德国所属之青岛，中国不自取，必有人起而代取之者。”

在中国国内也有一些人向袁世凯建议，希望对德宣战，既可借机收回山东权益，又不给日本出兵提供借口，一举两得，一箭双雕。这个主意不错，但袁世凯没有答应。

在日本驻华代办小幡的“如果中国收回青岛，日本将认为中国自行破坏中立”警告声中，袁世凯的理由是：“先行下手夺回青岛，于情于势，未尝不是。但我国既经宣布中立，忽翻前议，以助联盟，恐外交上益增纠纷，且更恐动日本之疑忌，此着似可行而不可行也。”

实际上，袁世凯是不敢答应。

这样，中国在继日俄战争整整10年后，又一次在自己的领土上“坐山观虎斗”，十分尴尬地“保持中立”。

8月15日，日本要求德国在中国水域里的军舰和一切武装船只完全解除武装，并将胶州租借地交给日本，限23日中午前答复，并集结重兵准备在龙口等地登陆。

袁世凯获悉日本的行动后，急忙主持内阁会议研究对策。会上，外交部参事顾维钧发言说：“日军在龙口登陆是公然违犯国际法的行动，因为中国已宣布对欧战保持中立。中国确在尽其中立国的责任，有义务保卫国土以维护其中立立场。因此，抵御日本侵略，理由至为明显。”

袁世凯不置可否，转头又问段祺瑞的意见。老段想都没想，直接说：“如总统下令，部队可以抵抗，设法阻止日军深入山东内地。不过由于武器、弹药不足，作战将十分困难。”

袁说：“可以抵抗多久？”

段答：“四十八小时。”

袁世凯问：“四十八小时以后怎么办？”

段祺瑞略一沉思说：“听候总统指示。”

老袁环顾会场，见其他人都不吭声，只好长叹一声，对顾维钧说：“你说得很有道理，但是我们毫无准备，拿什么维护中立国的权利呢。”

最后，袁世凯做了总结性发言：“十年前在东北，中国遇到过类似事件，那时无法阻止日军的行动，只好划出交战区。那么，现在也可以划出走廊，日本可通过走廊进攻青岛，中国不干涉日本在此区内通过，在此地区以外中国仍保持中立。”

随即，北洋政府宣布潍县车站以东为日德“交战区”，以西为“中立地区”。这也是没有办法的办法，多少也能给中国政府挽回点脸面。可日本人一点都不“开面”。

9月初，在数十艘军舰的掩护和英军的配合下，日军主力3万多人分别在龙口及崂山湾大举登陆，向青岛进军。真是“地为山东齐国之故址，兵乃日东帝国之精锐，勇气勃勃，其气概已足以吞青岛矣”。

但日军并不急于占领青岛，而是借口“胶济铁路所到之地，即胶州湾租借地延长之处，日本为破坏德国之根据地，占领胶济铁路及济南，殊属正常，同中国毫无关系”，越出“交战区”向山东腹地长驱直入，如入无人之境，向拒不投降的德国人发起攻击，并相继占领胶济线上的潍县、济南和胶州湾等地，同时将铁路沿线的矿山企业及胶州的中国海关全部占领。

袁世凯毫无办法，为避免“擦枪走火”，除了口头抗议外，只得令中国驻军撤出铁路沿线地区。

9月28日，日军从陆上包围了青岛要塞，海上还有日舰两艘、英舰一艘合力轰击青岛。

飞弹满空，炮声震耳。

德国人在青岛经营多年，构筑了由壕沟和铁丝网组成的多道防线，守备部队大约四五千人，配备了近100多门火炮和机枪，各方面高地都设有光力最强的探海电灯，终夜照射，除沿壕沟密布电网外，其壁垒全用西门土涂抹，可谓固若金汤。

10月31日，是日本天皇诞辰纪念日，日本人选择这天开始了总攻，以向天皇致敬。这天一大早，日军水陆并攻，所有枪炮一起猛射，炮烟冲天，“青岛俨如地狱之火炉”。

11月6日夜，日军攻占德军防御线中央的鸡貂山炮台，并突进德军腹地，德军见大势已去，于7日早宣布投降。

日军以伤亡千余人的代价占领青岛，接收了德国在山东的一切权利，成功地将黄海变成了“日本湖”。

在为期几个月的战事中，日军所到之处，把“中立区”变成了“占领区”，在各县设置军政和民政署，架设军用电缆，驱逐中国官吏。“上等之家，均为兵士占据，而主人翁反驱户外矣。所有食物，苟其所好，攫取无忌”。

莱州府城及附近一带，一片恐慌，商店闭户，米价日增。平度县衙被日军所占，县知事被囚禁，十室九空，村里为墟。

日军占领平度后，张贴布告宣称：妨碍日军行动者处斩；切断电线或倾损者处斩；拘送逃犯或者指明告密者重赏；知罪不举，窝藏匪徒，邻居乡保从重治罪；一人犯之，该村人民尽处斩刑。在一个主权国家的领土上如此嚣张，古今中外实属罕见。

日军在“中立区”的所作所为，使山东百姓惨遭蹂躏，苦不堪言，激起了全国人民极大愤慨。

北洋政府也表示坚决反对和强烈抗议，要求日军从胶济线撤退到胶州湾租借地内。

可是，反对归反对，抗议归抗议，日本政府却置若罔闻，野心膨胀，把胶州湾事件当做从根本上解决中国问题的可乘之机，变本加厉，酝酿更大的阴谋。

黑龙会是日本一个有官方背景的民间组织，主张对外扩张，实行亚洲的“门罗主义”。该组织成立于1900年，发起人叫内田良平。

一战爆发后，内田认为机会来了，急忙亲自起草了一份《对华问题解决意见书》，交给日本内阁。

《意见书》提出要抓住西方列强无力干涉中国问题的契机，强迫软弱的中国政府签订秘密条约，把中国变成日本的“保护国”，进而成为第二个朝鲜。主要内容是：确定和巩固在南满和东蒙的既得利益，实行大量移民，使之成为日本扩张的基地；控制中国铁路，取得铁路沿线矿产资源；取得中国军、警、财、文的监护权，掌握中国内政；支持反对北洋政府的政治势力，促使中国发生内乱；变中国国体为君主立宪，为中日合并打下基础。

与此同时，日本陆军部和参谋本部分别制订了《中日交涉事项觉书》和《中国问题处理大纲》，作为侵华的指导性文件，呈送内阁。

对德战事结束后，日本朝野上下欣喜若狂，信心大增，内阁根据上述三个文件，秘密拟出21个条款，准备寻找机会向中国正式提出。

12月3日，日本首相大畏重信把“二十一条”交给奉召回国的日置益，并说：“帝国政府以为于此机会，确保帝国在东亚之地位，以保全大局，实行以上各项，实为绝对必要。帝国政府实具有极巩固之决心，必图各项之贯彻，贵使其善体政府之意，为国尽瘁。”

悄悄地进村，打枪的不要。日置益心领神会，到任后即对袁世凯发动了“突然袭击”，才另老袁目瞪口呆，措手不及。

二、马拉松谈判

小日本这招又阴又毒又狠，确实让人防不胜防。

当晚，袁世凯召集徐世昌、段祺瑞、梁士怡、孙宝琦、曹汝霖等要员开会，研究应对措施。

袁世凯说：“日本这次提出的条款，意义很深，他们趁欧战方酣，各国无暇东顾，见我国是已定，隐怀疑忌，故提此条款，意在控制我国，不可轻视。其中第五项，竟以朝鲜视我国，万万不可商议！”

大家七嘴八舌商量了一天一宿，认为全盘接受是不可能的（无异于亡国），硬顶也不是办法（打不过人家），为今之计一是谈，二是拖，摸清情况，再作打算。

正式谈判之前，外交总长孙宝琦“因病请辞”，袁总统让陆征祥重新出山。这样，以新任外交总长需要熟悉情况为由，顺理成章地争取了一点时间。

1915年1月20日，外交次长曹汝霖与日置益进行了先期会晤。曹哭丧着脸表示：“二十一条”真令人感到难以承受。随后，袁总统接见日本军事顾问坂西利八郎，又严肃地说：“日本竟以亡国奴视中国，中国绝不做朝鲜第二。”

为了继续给日方施加压力，老袁又故伎重演，密告冯国璋等将领，让他们发出通电宣称：不惜一战，鱼死网破，绝不接受。

面对中国政府的这种态度，日方并不在意。外相加藤高明电告日置益说：“各省将军通电一事，此为袁氏权诈老套，对我进行谈判毫无影响。”

看来，日本人已经琢磨透了袁世凯。可袁世凯对日本人的真实意图尚不知晓，特别是“二十一条”中，哪些可以谈，哪些不能谈，心里没底啊。

为了摸清对方底牌，袁总统第一时间就派人联系他的法律顾问有贺长雄，并请有贺回国了解相关情况。

有贺毫不知情，据他称：日本完全由几位元老当家，大隈伯爵虽任内阁总理，但外交、军事最后决定，即外交应否决裂，决裂后如何遣兵调将，大权尚在天皇，而其实权仍操之于元老。日本现在元老，以松方侯爵及山县公爵为最有权，若此二人不允许外交决裂，不允许用兵，大隈内阁一点办法也没有。

有贺长雄也挺够意思，不辞辛苦，连夜动身回到日本，并拜会了元老院元老松方侯爵。

松方也是莫名其妙，连说：我没听说这事啊，天皇御前会议没通过什么“二十一条”。满洲系我帝国臣民以血肉性命向俄国人手里夺过来的，应当予帝国以发展的机会。满洲以外中国领土上的主权及一切，日本毫无侵犯的意思。大隈的要求，是他大隈重信的要求，帝国臣民不见得都支持他的要求。

有贺又拜访了其他元老，得到的结论是：“二十一条”要求条件拙劣，提出方式又不合乎礼貌，必失败无疑。

有贺长雄马不停蹄地回到中国，一五一十地向袁总统报告了此行的详细经过。

袁世凯一听就来了精神，有主心骨了，兴高采烈地说：“得要领矣，得要领矣。满洲以外的要求，当然半个字也不能答应他。就是满洲，俄国所抢去的，他日本都拿去了，他还要想发展，你发展了，我却瘪了。满洲内的要求，多少答应几点，而这几点纵答应了，我有办法要他等于不答应。不但如此，我还回打他一棍。”

袁世凯总算长出了一口气。

不料，有贺长雄不久又传来消息：大隈已奏请开御前会议。果系经过御前会议的要求，则他背后有相当力量，非大隈一人私见可比，非虚声恫吓可比，或允或驳，那就请大总统决断罢。

袁世凯也从其他渠道知道了这一消息，紧张的空气开始蔓延，艰难的谈判开始了。据时任外交部次长的曹汝霖回忆，在袁世凯批阅的文件上有这样的文字：

针对合办矿业，可答应一二处，须照矿业条例办理，愈少愈好，可留予国人自办。

针对建造铁路，须与他国借款造路相同，铁路行政权须由中国人自行管理，日本只可允以管理借款之会计审核权，惟须斟酌慎重。

针对开商埠，须用自开办法，并应限制，免日本人充斥而来，反客为主。

针对汉冶萍矿厂，这是商办公司，政府不能代谋。

针对福建让与，荒唐、荒唐，领土怎能让与第三国。

针对内地杂居，治外法权没有收回之前，不能允许杂居。

针对限制中国主权的第五号条款，简直似以朝鲜视我，这种条件岂平等国所应提出，实堪痛恨，万万不可开议，切记切记。

对照天津市历史档案馆现存的袁世凯对“二十一条”说帖的朱批原件，可以发现更多的“字斟句酌”和“讨价还价”字样，如日本政府提出的有关东部内蒙古借款、课税、开埠、合办农工业等方面的要求，袁世凯批：“办不到”；有关日本臣民在满洲可租赁或购买土地，袁圈出“或购买”三字，批“购买有碍完全领土”。最后，他写道：“各条内多有干涉内政侵犯主权之处，实难同意。”

当然，这只是袁世凯的一厢情愿，实际情况要复杂得多。

2月2日，中日双方开始了第一次秘密谈判。中方参加的人员有陆征祥、曹汝霖、施履本（外交部秘书），日方参加的人员有日置益、小幡酉吉、高尾亨。

按照袁大总统“我同日本人办交涉数十年，他们的性情，我知之熟矣，他们性急，喜欢痛快，我们偏要拖他一拖”的指示精神，谈判开始后，作为东道主的陆征祥想出很多“花招”，千方百计延缓谈判进程，以图转机。

比如，减少会谈次数，日本人要求每周谈五次，陆说只能谈一次，因为他的事务繁忙，还要处理跟其他国家的外交事务，还要参加内阁会议，等等。最后实在抗不住日本方面的压力，每周谈三次。但每次会谈，陆征祥都会想方设法缩短实际的会谈时间，两个小时的会谈，照例由东道主先说话，每次开场白之后，陆征祥都让仆人献茶，于是进入茶歇阶段，上茶，上点心，尽量占用两小时的谈判时间。

面对日方的非议，陆总长表示，中国是礼仪之邦，以茶待客更是中国传统文化之一，弄得日本人干着急没办法，不知不觉一上午就过去了。午休后，好容易进入正题，中方要日方让步，日方不答应。双方唇枪舌剑，你来我往，互不相让，无果而终。

就这样，一直谈到4月末，在近30多次谈判中，不是“彼此辩论很久，直至散会，没有解决”、“会议多次，各执一词，终未获解决”，就是“争到舌敝唇焦”、“遂于不欢中散会”，交涉毫无进展。

谈判期间，日本人一再强调要保守秘密，但在袁世凯的授意下，有关“二十一条”内容仍通过各种渠道不断向外泄露，在中国国内乃至世界华人中引起轩然大波，也引起了西方列强的强烈关注和反对。

“二十一条”成为纽约及伦敦媒体的头条新闻。美国国务卿照会中日两国，声明美国对于违背门户开放政策的条约，将一概不予承认。

中国国内民众更是义愤填膺，纷纷要求政府顶住压力，将5月9日作为“国耻纪念日”，反对与日媾和，准备对日开战。人们纷纷上街游行，散布传单，开会演说，抵制日货，捐献救国储金，甚至有人断指血书，自杀殉国，“其热血之膨胀，已达极点”。

更难能可贵的是，被袁世凯通缉的国民党人黄兴、陈炯明、柏文蔚、钮永建、李烈钧等人在此国家危亡之时，不但不乘袁之危，利用国难，共同倒袁，反而呼吁“暂停革命，一致对日”，主张“应即放弃讨袁工作，免为日本所逞”。

在群情激愤、人人喊打的气氛下，在华的日本人成了“过街的老鼠”，躲在屋里不敢出来。鉴于国内外巨大的压力，北洋政府步步为营，始终不敢轻易做出妥协。

5月初，中日两国分别提出最后修正案，针锋相对，谁也不肯让步。

日本人不耐烦了，不断在奉天、山东增兵，日舰在渤海一带游弋，撤退在中国的侨民，准备大打出手，兵戎相见。

一看日本人要动真格的了，袁世凯有些顶不住了，指示曹汝霖“略示让步之意”。

老袁装模作样地对部下说：“购地、租地，我叫他一寸地都买不到手。杂居，我叫他一走出附属地，即遇危险。至于警察顾问用日本人，用虽用他，月间给他几个钱便了，顾不顾，问不问，权却在我。其他各条，我都有破坏之法。”曹次长遵命而行，到日使馆准备进行妥协。

就在这关键时刻，曹汝霖突然接到外交部的一个电话，说驻日公使陆宗舆刚刚发来急电，称日本元老院已请政府撤回“二十一条”中第5号所有条款，让曹汝霖相机行事。

好悬啊，曹汝霖擦擦头上的冷汗，回去和日置益说，刚才我们谈的都不算数啊，那只是我的个人意见而已。

眼看煮熟的鸭子竟然飞了，日本人白高兴了一场，恼羞成怒，气势汹汹，于5月7日发出最后通牒：

帝国政府因鉴于中国政府如此之态度，虽深惜几再无继续协商之余地，然终眷眷于维持东亚和平，务冀圆满了结此交涉，以避时局之纠纷，于无可忍之中，更酌量邻邦政府之情意，将帝国政府前次提出之修正案中之第五号各项，除关于福建省互换公文一事，业经两国政府代表协定外，其他五项，可承认与此次交涉脱离，日后另行协商。

因此，中国政府亦应谅帝国政府之宜，将其他各项即第一号、第二号、第三号、第四号之各项及第五号中国关于福建省公文互换之文件，照4月26日提出修正案所记载者，不加以何等之更改，速行应诺。帝国政府兹再重行劝告，对于此劝告，期望中国政府至5月9日午后6时为止，为满足之答复。如到期收不到满足之答复，帝国政府将执认为必要之手段。

经过漫长而艰苦的谈判，摊牌的关键时刻终于到来了。

5月8日上午，袁世凯在中南海春藕斋召开特别会议商讨对策。

中午，朱尔典来到外交部找到陆征祥说："中国已经面临生死存亡的严重关头。我到中国40年，和大总统有30年交情，今天不能不赶过来说几句真挚的话。最后通牒只能回答是还是否，没有讨价还价的余地。此时欧洲各国无暇东顾，中国政府除接受日本条件外，别无自全之道。"

下午2时30分，袁世凯主持会议决定接受最后通牒。黎元洪、徐世昌及中央各部门主要负责人参加了会议。外交总长陆征祥却姗姗来迟。

会场气氛异常凝重，大家默默无语。袁世凯环顾四周，声泪俱下地说道："此次日人乘欧战方殷，欺我国积弱之时，提出苛酷条款……强词夺理，终以最后通牒迫我承认。我国虽弱，苟侵及我主权，束缚我内政，如第五号所列者，我必誓死力拒。……我之主权内政及列国成约，虽尚能保全，然旅大、南满、安奉方面之利权损失已巨。我国国力未充，目前尚难以兵戎相见。为权衡利害，而至不得已接受日本通牒之要求，是何等痛心！何等耻辱……"说到这，老袁已是泣不成声。

这时，陆征祥赶到会场，袁总统示意陆发言。陆总长说："我刚刚会见了朱尔典，美、英、俄、法等国公使的意见是，就目前中国情形，至为危险，各国不暇东顾，若与日本开衅，即将自陷于万劫不复之地位。各国即同情，亦无能为力。为目前计，只有忍辱负重一法，接受日本要求，以避危机。若从此整军修政，切实预备，埋头十年，或可抬头与日本相见。我想大总统明白大势，知彼知己，决不致轻自启衅。今日会议，决定关系中国存亡，我恐不明大势者，徒逞虚骄之气，不知利害，为不利于国家之空论……"

袁世凯接着说："无敌国外患国恒亡。经此大难以后，大家务必以此次接受日本要求为奇耻大辱，本卧薪尝胆之精神，做奋发有为之事业。举凡军事、政治、外交、财政，力求刷新，预定计划，定年限，下决心，群策群力，期达目的。则朱使所谓埋头十年与日本抬头相见，或可尚有希望。若事过境迁，因循忘耻，则不特今日之屈服奇耻无报复之时，恐十年以后，中国之危险更甚于今日，亡国之痛，即在目前。我负国民付托之重，决不为亡国之民。但国之兴诸君与有责，国之亡诸君亦与有责也。"

与会诸君也是无可奈何，唏嘘不已。

9日晚11时，最后答复书送达日本使馆，危机暂时化解。曹汝霖后来回忆说："当时，我心感凄凉，有一种亲递降表的感觉。"

5月25日，北洋政府不顾全国人民反对，与日本正式签字交换丧权辱国的《中日新约》：日本取消第五号要求，另行协商；第四号由中国自行声明；第三号中的两条删除一条；第一、二号中的关于移民及课税的条款中国没有接受。其他条文中有的"留待日后磋商"，有的加了限制性条件，最后签订的有十几条。

日本人没有达到自己的目标。

后来在东北的日本人曾这么说过："我们日本人在东北，被囚禁于附属地界内，一步不敢出附属地"；至于日本人向中国人购地、租地问题，更是谈不上，据说是因为袁世凯暗中制定了惩治国贼条例交给东北地方官员，所以日本人根本就买不到也租不到地。至于那些受聘的日本人员，他们也表示："我等名为顾问，其实绝无人顾，绝无人问。"

正如旅美历史学家唐德刚所评价的：日本虽然费尽心机提出灭亡中国的"二十一条"要求，弄得臭名昭著，后来也只落得个雷声大、雨点小的收场，为天下笑。

据当事人曹汝霖日后回忆：“世人不察，混称廿一条辱国条件，一若会议时已全部承认者，不知廿一条之第五项各条，不但辱国，且有亡国可能，已坚拒撤回不议。而所议定者，不满十条。世人对此交涉不究内容，以讹传讹，尽失真相。”

曹次长难免有在自己脸上贴金之嫌。

即便如此，中国依然损失巨大，特别在是南满、东蒙等地区的主权受到严重侵害（如延长旅大租期至99年等）。

袁总统心里也不好受，向全国发出密令，要求各级文武官员千万不要好了伤疤忘了疼，“日以亡国灭种四字悬诸心目，激发天良，摒除私见，恪尽职守，协力建功……”

老袁还让人编写了《中日交涉失败史》，印了5万册，藏在山东的一所监狱里。他狠狠地说：“终有一天我们翻身，会将此书公开发行！”

中国有句成语叫“知耻而后勇”，可这句话万万不能用到老袁身上，经历如此奇耻大辱后，袁总统没有卧薪尝胆，励精图治，“十年与日本抬头相见”，反而掀起了轰轰烈烈的帝制运动，准备要黄袍加身了。

第四章　筹安会开张大吉

一、外来和尚好念经

“共和办不下去了！”“议员们又捣乱了，这样七嘴八舌，国家的事情还怎么办？”

对日交涉“圆满结束”后，历时两年、转战数省的“白狼”农民军也在河南临汝、鲁山一带被剿灭。袁总统又恢复了精气神，总是有意无意对身边人唠叨这些话。

听大总统这么一说，善于揣摩圣意的亲信们立刻心领神会，纷纷行动起来。

此时，袁世凯的洋顾问古德诺写了一篇《共和与君主论》上呈袁总统。袁世凯如获至宝，急命法制局参事林步随译成中文，1915年8月初，在上海《亚细亚报》发表。不久，此文在东京及伦敦《泰晤士报》等报纸上转载。

该文主要阐述了三个问题：一是中国现行的共和制是怎么来的；二是什么样的国体最适合中国；三是由共和立宪改为君主立宪的必要条件。

古德诺博士认为：中国实行了数千年的君主独裁体制，民智未开，“政府之动作，彼辈绝不与闻，故无研究政治之能力”。辛亥革命后，中国由专制一跃而为共和，变化太快，结果堪忧。如果大清国不是异族统治，当时就可以保留君主，逐渐实现立宪政治，这是最理想的了。“不幸异族统制，百姓痛心，于是君主之保存，为绝对不可能之事，而君主推翻后，舍共和制度遂别无他法矣。”

民国建立后，立宪政治有所进展，但不完备之处仍然很多，比如总统继承的问题。一旦总统任满解职，必会产生混乱，以致险象环生，国将不国。到底是君主制好呢，还是共和制好，这个还真不好说。以中国情况看，“用君主制，较共和制为宜，此殆无可疑者也”。因为，从中国历史习惯、社会经济状况以及与列强的关系看，“中国之立宪，以君主制行之为易，以共和制行之则较难也”。

然而，在中国实行君主立宪要得到良好结果，必须有三个条件，缺一不可。一是必须保持政局稳定，不可引起国民及列强的反对。二是必须明确君主继承的法律依据，而“不可听君主之自择”。三是必须以立宪政治为前提，“盖中国如欲于列国之间，处其相当之地位，必其人民爱国之心日渐发达，而后政府日渐强固……然苟非中国人民得与闻政事，则爱国心必无从发达，政府无人民热诚之赞助，亦必无强固之力量。而人民所以能赞助政府者，必先自觉，于政治中占一部分，而后乃尽其能力。故为政府者，必使人民知政府为造福人民之机关，使人民知其得监督政府之动作，而后能大有为也”。

古德诺是美国人，德国柏林大学的法学博士，美国哥伦比亚大学法学院院长，是当时世界政治学和行政学的一流权威学者，也是中国现代法学奠基人顾维钧的博士生导师。

大家注意了，政治学与政治是两个完全不同的概念。古博士精通政治学，并不等于说他精通政治，更不能说他精通中国政治。

1912年7月至1914年8月，他来到北京担任总统府宪法顾问，年薪2.5万两白银，另有“高车驷马，婢仆保镖”，衣来伸手，饭来张口，俨然一达官显贵。

有道是受人之托，忠人之事。古博士很有职业道德，特别是与袁克定等人打得火热，每周与袁家至少会谈两次，几乎无话不说。他曾在美国的

《美国政治科学杂志》上，接连发表《中华民国的议会》、《在中国的改革》等文章。

古德诺认为，中国有帝制的传统，民族主义的观念不像西方那样强烈，所以中国需要有一个强有力的中央政府以巩固国家政权，以取代当时存在的那种各省军阀割据的松散局面。因此，他极力主张在中国实行总统制，建立强力政府，反对实行责任内阁制。

外来的和尚好念经。

这些论调正中袁世凯下怀，尤其从一个外国学者嘴里说出来，更令袁总统欣慰有加，受益匪浅。老袁知恩图报，授予古德诺二等嘉禾章，以资鼓励。

1915年夏，国内帝制运动如火如荼。古德诺受袁世凯之邀，由美国霍普金斯大学校长任上重返中国。

袁世凯欣喜异常，希望古校长“准备一份文件，论述民主与君主政体哪一种更适合中国的国情”。古博士胸有成竹，欣然允诺，一挥而就，完成了上述那篇“命题作文”。

实事求是地说，古校长的这篇大作从学术角度看，也不是一无是处，但他千不该万不该在中国那个特殊时期发表那篇破文章，这就难免为人利用和曲解，有“助纣为虐”之嫌了。正因为这篇文章，古校长不仅在中国树立了一个不好的形象，也使他断送了在美国的大好仕途。

老古实在挺屈的，哑巴吃黄连，有苦说不出，好端端地在大学里研究政治学的他，真不该趟中国政治这摊浑水。

《共和与君主论》发表后，有贺长雄接着发表了《观弈闲评》、《共和宪法持久策》等文，与古德诺一唱一和。

这下，朝野上下议论骚然，反响很大。这让一个人感到很没面子，中国事情怎么能让一个外国人说三道四，丢人呐。这人就是大名鼎鼎的杨度。

做了参政院参政后，杨先生深得袁总统信任。但他仍觉不过瘾，这与他“经世报国”的伟大理想差距还是不小。

看到古博士力拔头筹，杨才子岂肯甘休，迫不及待地操起如椽大笔，著成奇文《君宪救国论》，洋洋洒洒万余言，真个是妙笔生花，一气呵成。（也有人说此文完成于古德诺文章之前，只是没有发表。）

该文结构仿照“佛经体”的问答式，由一“客”发问，“虎公”（杨度崇信释教，自号“虎禅师”）作答，全面系统阐述了杨度的君主立宪思想体系。

文章一开始，杨先生就提出一个振聋发聩的命题：在共和国体下，强国无望，富国无望，立宪无望，终归于亡国！

何谓强国无望？强国首在军事，军事在于服从。德、日等君主国的军事实力要比法、美等共和国强得多。而“法、美有国民教育，尚有对于国家之义务心，可以维持统一，故对外虽不能强，对内犹不为乱”。但是中国国民教育程度很低，有皇上那会儿，军队效忠于皇帝，效忠于朝廷。现在有形的皇帝没了，代之以无形的国家，只能靠将领的感情和威信驾驭部队，控制力本来就弱，再加上民主自由思想的灌输，军心涣散，羁驭之术，愈益困苦。“故民国之兵，求其不为内乱足矣，尚何对外称强？”

何谓富国无望？富国在于实业，实业最怕战乱，“以二次革命之例推之，此后国中竞争大总统之战乱，必致数年一次，战乱愈多，工商愈困，实业不振，富从何来？”

何谓立宪无望？“共和政治，必须多数人民有普通之常德常识，以人民为主体，而所谓大总统行政官者，乃人民所付托以治公共事业之机关。今日举甲，明日举乙，皆无不可，所变者治国之政策，无所谓安危治乱问题也。中国程度何能言此？多数人民，不知共和为何物，亦不知所谓法律，以及自由平等诸说为何义”，突然间由君主制进入共和制，以为从此不受管束，随心所欲，稍微有点实力的，无不觊觎总统之位，选举不成，兵戎相见。“加以君主乍去，中央威信，远不如前，遍地散沙，不可收拾，无论谁为元首，欲求统一行政，国内治安，除用专制，别无他策。”

就连原先那些立宪派人士，也沉默无言，不要求宪政而主张实行专制。

一言蔽之，“中国之共和，非专制不能治也”。况且，立宪是国家百年大计，根本之道，绝非仓促可行，至少要有几十年准备，行之逾久，效力逾大。现在中国内忧外患，人人自危，国家元首任期不过数年，就算可以终身连任，下任总统也不安其位。总统贤明尚可维持现状，如果总统不贤，就只有亡国一途了，又何谈立宪呢?

既然强国无望，富国无望，欲为立宪国无望，那就只有亡国了吗?有没有救国的办法呢?

杨度给出的答案是：欲求富强，先求立宪，欲求立宪，先求君主。

杨先生认为：富强者，国家之目的也；立宪者，达此目的之方法也。不用立宪的方法而达到富强的目的，虽古已有之，比如汉武帝、唐太宗时期的盛世。但“人存则政举，人亡则政息”，循环反复，永不进步。欧美各国及日本，未立宪之前，也不能持续强盛。一旦立宪，国家有了一定之法，无论国家元首还是普通百姓都不能逾越法律之外，必须依法治国，依法办事，人事有变，而法制不变，“人存政举，人亡而政亦举”，一劳永逸，长治久安。所以，“不立宪而欲其国之富与强，固不可得，既立宪而欲其国之不富不强，亦不可得也”。

何谓欲求立宪，先求君主?美、法都是共和国，您听说过人家为争总统之位而兵祸不绝吗，这就是国民的程度不同啊。现在，中华民国以共和之名行专制之实，无术可以定乱，将来竞争大总统之战乱，不知止于何时?又何谈郅治!“故非先除此竞争元首之弊，国家永无安宁之日。惟有易大总统为君主，使一国元首，立于绝对不可竞争之地位，庶几足以止乱。”国本既立，人心乃安，然后才谈得到立宪。再进一步说，“创宪政者，如以人力扛火车，使入于轨道，其事至难。守宪政者，如以机器驱火车，使行于轨道，其事较易”。即使有人具备雄才大略，而无至高无上的君主之位，仍难首创宪政。所以说欲求宪政必先求君主。

总而言之，非立宪不足以救国家，非君主不足以成立宪。立宪则有一定之法制，君主则有一定之元首。救亡之策，富强之本，皆在此矣。

袁世凯看到此文后，心花怒放，连连叹道：皙子，人才啊。立即授杨度勋四位，并亲自挥毫，题写了“旷代逸才”四个大字，让政事堂制成匾额颁给杨度。并命“御儿干殿下”段芝贵把《君宪救国论》印成小册子，当做内部参考资料发给各地文武官员“认真学习，深刻领会”。

从此，帝制运动徐徐拉开了大幕。

二、“革命人”走回头路

仰天大笑出门去，我辈岂是蓬蒿人。

“旷代逸才”杨度见袁总统如此眷顾，心里甭提多美了。实现政治抱负的机会终于来了，要以实际行动报答总统的知遇之恩啊。

不鸣则已，一鸣惊人。要么不整，要整就整个大的。

按照早已筹划好的计划，杨度找到孙毓筠、严复、刘师培、李燮和、胡瑛等人，成立了一个“学术团体”——筹安会。

据说，筹安会成立前，杨度征求袁世凯的意见，说准备设一研究会，征集全国人民意见，造成帝制舆论，“期以周年，可必成也”。

袁世凯问：此研究会以何名义呢？

杨度说：去乱即安，在此一举。我的意思应该叫“筹安”。

老袁心虚又好面儿，不主张由杨度牵头，说：“不可，外人知我们关系，以为我所指使呢。”

可杨度一心想做“开国元勋”，当仁不让。杨先生认为，以自己的才学和资历，不弄个内阁总理当当，确实有些屈才了。早在大清国预备立宪那会儿，五大臣出洋考察的报告就是由梁启超和杨度捉刀代笔的，杨还担任清政府宪政编查馆提调。可这些年杨先生一直郁郁不得志，现在不过是个参政院参政。

参政不带长，放屁都不响，憋屈啊！

所以，杨参政态度坚决地对袁总统说："度主张君宪十有余年，此时如办君宪，度是最早之一人，请大总统不必顾虑。"况且，"北洋诸将，从公多年，所为何事？只不过攀龙附凤，求子孙富贵耳，如大总统犹豫不定，将来诸将又怎么办。"

袁世凯想了想说："你可与少侯（孙毓筠）等人谈谈？"

袁领导这么说，实际等于默许了，反正是个"学术团体"，百家争鸣，百花齐放嘛。

8月23日，杨度从袁世凯那领来20万元活动经费，筹安会在石驸马大街正式挂牌开张。杨度为理事长，孙毓筠为副理事长，严复、刘师培、李燮和、胡瑛四人为理事。这六位仁兄就是中国近代史上比较臭名昭著的"筹安六君子"。

除杨度外，那五位也不白给。孙毓筠、李燮和、胡瑛都曾是响当当的大清国"造反派"，甚至蹲过大清的监狱，我们并不陌生。不过，民国后，这几位"革命家"都被袁世凯收罗帐下，心甘情愿为袁总统效劳卖命了。

顺便说一下，当时的"革命家"投靠袁世凯的可不在少数。比如说，参加过辛亥革命的湖北第1师师长黎本唐、第6师师长王安澜、第8师师长季雨霖等人都成为筹安会骨干分子。

黎本唐曾上书袁世凯，请求将姓改回为"唐"，并起名为"克明"，以示与袁子"克定"、"克文"等人"一脉相承"。王安澜也向袁世凯表忠心曰"安澜束发受书，略知君臣大义"云云。季雨霖在"二次革命"后流亡日本，经胡瑛"牵线"，回到北京向袁世凯悔过投诚，到处宣扬"袁对中国有办法"，不遗余力地鼓吹帝制。

看来，投机"革命"的"革命家"蜕变为"反革命"已不足为奇。这里重点介绍一下刘师培和严复。

刘师培出身书香门第，家学渊源，虽只活了36岁，却著作等身，是当时著名国学大师。他还是光复会和同盟会早期会员，一度和章太炎惺惺相惜，也曾是“革命的笔杆子”，大肆鼓吹“破坏一切固有之社会，颠覆现今一切之政府，抵抗一切之强权，实现全人类的完全平等”。整个一“愤青”，左得不能再左，被誉为“激烈派第一人”。

刘师培娶了个漂亮老婆叫何震，交际颇广，不知怎么和时任两江总督的端方勾搭上了。在老婆“枕头风”的猛烈攻势下，一来二去，连刘先生这样的“左派”也背叛了革命，成了端方大人的“线人”。

1909年，陈其美在上海公共租界内设立革命机关，刘师培获悉后向端方告密，浙江会党分子张恭被捕。

王金发得知是刘搞的鬼后，大发雷霆，要毙了刘先生。刘先生吓得屁滚尿流，跪地求饶，以营救张恭为条件换取了一条性命。

后来，刘师培被端方延入幕中，辛亥革命中被抓，经章太炎、蔡元培等人多方营救，由孙中山出面讲情获释。不久，刘先生投靠了袁世凯，任总统府谘议、参政院参政，并被授为“上大夫”。

就此，从“极左”到“极右”，从“新派”到“旧派”，刘师培来了个一百八十度大空翻，实现了“华丽转身”。

严复就更了不起了，属于学贯中西、文理兼备的“大师”级人物，主张“开启民智、教育救国”，一部《天演论》惊世骇俗，影响深远。

据说，戊戌政变前，光绪召见严复，问他：“今年夏天，有人参你在天津《国闻报》任主笔，发表了许多文章，这些文章都是你写的吗？”

严复答：“臣不是《国闻报》主笔，不过有些文章在该报上发表。”

光绪又问：“你写过几篇得意文章？”

严复答：“没有什么得意文章。今年正月写过一封《上皇帝书》，在报上连载了六七天，不知曾达御览否?”

光绪说：“没有见过，你可重录一遍呈上来。”

严复答：“书上请求皇上变法自强。现在朝廷实行变法，此文已过时了。”

光绪：“不妨，我还是想看看。书中所讲的变法有哪些内容？”

严复答：“请皇帝于变法前到外国游历一趟，回国后又到全国各地去考察民情，前者可以联外国之欢，后者可以结百姓之好。”

光绪点头道：“中国就是守旧的人太多，怎么办……”

戊戌政变后，严复安然无事（据说是荣禄在老佛爷面前拍着胸脯力保的结果），仍在北洋水师学堂任职，与袁世凯过从甚密。

后来，严复写了一首《悼念六君子》的诗（此戊戌六君子与筹安六君子真不可同日而语），里面有“伏尸名士贱，称疾诏书哀”的句子，伤感之情跃然纸上。可见，那时的严复思想进步，主张变革，也算个维新派。

不过进入民国后，严先生也不知哪根筋搭错了，突然热衷复古，主张君君臣臣、父父子子那一套。

袁总统看在眼里乐在心里，派杨度“三顾茅庐”，亲自点名让“老相识”出山。严先生寂寞难耐，半推半就，也成了“六君子”之一。

当然，“六君子”的名单是袁总统反复酝酿、精心圈定的。表面上看，这些社会名流、学界泰斗没一个是老袁的北洋嫡系，实际上都是袁系亲信，既可掩人耳目，又能达到鼓吹帝制、扩大影响的目的。

筹安会的办公用房装修豪华，装有新式热水管和玻璃窗，职员发展到400多人，工资待遇优厚，远在各职能部门之上，其佩戴“徽章系金质长圆，亦非各衙门以景泰蓝制成者可比”。

筹安会成立后，立即对外发布宣言，以正视听。

宣言先说了一通中华民国是怎么来的：“我国辛亥革命之时，国中人民激于情感，但除种族之障碍，未计政治之进行，仓促之中，制定共和之国体，于国情之适否，不及三思，一议既倡，莫敢非难。深识之士，虽明知隐患方长，而不得不委曲附从，以免一时危亡之祸。”

所以“自清室逊位民国创始绝续之际，以至临时政府正式政府递嬗之交，国家所历之危险，人民所历之痛苦，举国上下，皆能言之，长此不图，祸将无已”。

接着，又把中美、南美一些国家实行共和后的“惨状”描述了一番，接着又拉虎皮做大旗，把古德诺博士抬了出来，说人家美国可是最先进的共和国，连古博士都说“世界国体，君主实较民主为优，而中国则尤不能不用君主国体”。我们中国人自己怎么能委心任运，苟且偷安，不思根本解决之道，或者为一己之毁誉，瞻前顾后，徘徊不前，这能算爱国吗？所以，我们筹安会就是要“纠集同志组成此会，以筹一国之治安，将于国势之前途及共和之利害，各摅所见，以尽切磋之义，并以贡献于国民……”

为了避免嫌疑，进而引起不必要的麻烦，筹安会又宣称：“本会之立，专以学理之是非与事实之利害为讨论范围，此外各事，概不涉及。”我们只是个学术团体，仅此而已。对于这一点，袁总统也是心照不宣。

筹安会敢于冒天下之大不韪，在共和国家公开鼓吹帝制，社会反响可想而知。

严范孙是袁世凯几十年的患难至交，听说筹安会兴起，急忙面见袁总统，力陈国势危殆，不可再生变动，并历述中国历史上君位相承无三代不乱，君主制不适合中国，岂可规复弊制以害国家？请辞恳切，声泪俱下。

袁总统也为之动容，说道：“究竟你是朋友，他们实在胡闹，你去拟一道命令来，明日即将他们解散。”

严老信以为真，欢天喜地去草拟命令。第二天，严老拿着命令去见袁总统，却吃了闭门羹。严老急忙解释说是复昨日袁总统之命而来，守门人答道：“今日奉总统命令，无论何人，概不传见。”

严范孙嘴巴一咂摸，这才恍然大悟，明白了袁世凯用意所在，即日“倏然出都门去矣”。

有人上书袁总统，恳请诛奸救国，“立饬军政执法处严拿杨度一干祸国贼等，明正典刑，以正国是”。

还有人向京师总检察厅提起公诉，“将国贼孙毓筠、杨度等按照内乱罪从严惩治，以弭大患”。

这话传到了袁世凯耳朵里，老袁装腔作势，轻描淡写，一面表明心迹说：“予所居地位，只知民主政体之组织，不应别有主张。且帝王既非所愿，总统亦非所恋，洹上秋水，无时去怀，无论研究此义者作何主张，于予个人固无嫌疑之可虑也。”一面又打着哈哈说：“筹安会乃积学之士所组织，讲学家研究学理，本可自由讨论，所研究君主制与民主制之优劣，不涉政治，苟不扰乱国家治安，则政府未便干涉。”

听话听声，锣鼓听音。袁世凯这番话发出了明确的信号，全国帝制运动从此蓬勃开展起来了。

为了保护“讲学家自由讨论”，筹安会门口军警林立，戒备森严，就连“六君子”的私宅周围也有警察保护。

有大总统给撑腰，心里就有底了。筹安会诸位“精英们”精神抖擞，干劲倍增。他们派人分赴各地开展活动，招兵买马，百般造势，在湖南、湖北、吉林、安徽、南京等地建立了筹安分会，广东也成立集思广益会，形成南北呼应之势。

“六君子”又联名电请各省军政长官、团体派代表到京，“共商国是”。随后，筹安会将入会志愿书和表决纸分寄中央及地方文武大员，请他们在表决纸上写上“君宪”或“共和”两字，表明立场。

各地大员们认清了形势，统一了思想，迅速做出反应，没几天工夫就纷纷回电，填写入会志愿书，一致赞同实行“君宪”，并派出代表进京请愿。

可远水不解近渴，时不我待，各省代表到京也耽误时间。于是，筹安会又出高招，由各地旅京人士代表本省组成公民请愿团，向参政院提交请愿书，请求变更国体，劝说袁总统早登大宝，以慰天下臣民之心。

让杨度先生没想到的是，他紧赶慢赶，还是迟了一步，一个没留神，推戴的大功竟被别人抢了去。

是谁有这么大本事后来居上呢？此人就是总统府前秘书长梁士怡。当然，梁秘书长这么卖劲，也是有着深刻原因的。

第五章　袁大总统升职记

一、“犀利哥”发财

从总统府秘书长这一重要岗位退下来后，梁士怡一直郁郁寡欢。落差很大啊。想当年，梁秘书长在袁总统跟前是“三千宠爱在一身”，在总统府呼风唤雨，说一不二，那是何等风光。

刚退下来那阵，大家对他还比较尊重，可一来二去，人们渐渐不买“二总统”的账了。毕竟，“税务督办”这一头衔和秘书长是没法比的。人心不古啊，必须找机会再次获得袁总统的信任，重整旗鼓，卷土重来。

机会终于来了。帝制运动酝酿时，看到杨度他们闹得这么欢实，梁士怡心里痒痒的。可老谋深算的梁士怡一时琢磨不清风向，就决定先按兵不动，看看再说。这一看不要紧，终于看出事了。

瘦死的骆驼比马大。作为交通系（梁曾任交通银行总办）的首领，梁士怡仍掌握着铁路、关税、金融等经济命脉，手下还有交通次长叶恭绰、财政次长兼盐务署长张弧等一班得力干将。

梁士怡财大气粗，人脉甚广，树大招风，难免为人侧目，甚至连袁总统都忌讳他三分。

当时，梁氏旗下的津浦铁路局可是个肥得流油的地方，是交通系的聚宝盆、招财树。当然，这种地方也往往贪墨成风，敝窦丛生，在社会上影响很坏。

据“知情人”举报，肃政使王瑚、蔡宝善等人到津浦路秘密调查，收集了十大罪状，并顺藤摸瓜，牵扯出津浦、京汉、京绥、沪宁、正太等5个铁路局腐败大案，由都肃政使庄蕴宽具呈严参。一时群情激愤，舆论大哗，是为轰动民初政坛的“五路大参案”。

案惊中央，高层震怒。为表明反腐之决心，袁总统下令将津浦路局局长赵庆华撤职查办，叶恭绰及其他几个铁路局长实行“双规”，张弧也被下放到四川“锻炼”。

打狗是要看主人的。

就在不久前，京兆尹王志新仅贪污500元，就被袁世凯枪决。两件事情合起来，明显是杀鸡给猴看嘛。

交通系遭此重创，阵脚大乱。

袁克定乘机找到梁士怡，开门见山地提出变更国体的问题，请梁财神帮忙，并拿“五路大参案”说事儿，向梁施加压力。

老梁深知事关重大，没敢马上答应袁克定，决定先找同僚商量商量再说。

当晚，梁士怡召集交通系的哥儿几个开会，研究对策。老梁严肃地对大家说：以现在的情况看，如果我们赞同帝制，袁总统会放我们一马；如果不赞同，我们不仅没好日子过，连命都保不住。其实，这就是一个要头和要脸的问题，要头就不能要脸，要脸就不能要头。

经过讨论，与会者一致同意“要头不要脸”。认为“要保全交通系势力，只有顺从袁世凯的意旨，泼出一干，并且决定不干则已，干起来则不必遮遮掩掩，一定要大权独揽，有声有色”。

第二天，梁士怡迫不及待地向袁克定表示了忠心和决心，坚决支持实行帝制，并愿效犬马之劳。克定急忙向老爸报喜，袁总统甚是欣慰。

不久，叶恭绰官复原职，被参劾的几个铁路局长也大事化小，小事化了，“五路大参案”不了了之。

从此，在政治上根基尚浅的“六君子”黯然失色，“树大根深”的交通系取代筹安会，一马当先，成为帝制运动的急先锋和主力军。

杨度只得将筹安会更名为“宪政促进会”，准备于帝制成功后在立宪问题上再谋发展。

出奇才能制胜。

与筹安会的“笔杆子”们不同，交通系的“钱垛子”们充分发挥自身优势，依靠强大的财力支撑，“锐意进取，务实创新”，终于为袁大总统圆了“皇帝梦”。

为了给帝制活动筹措经费，梁士怡充分运用其在任秘书长期间编织的人际关系网，请前清上海道蔡乃煌出任苏赣粤三省禁烟特派员，以寓禁于征、烟膏专卖、招商垫款的办法，获得二千余万元巨款。

有了现大洋，就没办不成的事。

为了进一步扩大影响，梁士怡一伙竟别出心裁，组织发动了五花八门的请愿团。“上自王公遗老，各省将军、巡按使，下至各种行业的把头，三教九流，行行俱全，多多益善”，一时间冒出了“商会请愿团”、“军警请愿团”、“人力车夫请愿团”、“乞丐请愿团”、“妓女请愿团”等等民间组织，如雨后春笋，热闹非凡。

无论是谁，只要列入了请愿名单，就会被请去吃饭、看戏。此外，请愿人还会根据身份的不同，得到数目不等的一笔收入。比如，凡参加请愿的乞丐每人发大洋一元，乞丐头领发百块银元，“犀利哥”们为此大发其财。

天上掉馅饼，还有这等好事。

各色人等趋之若鹜，纷纷加入请愿团体，上街游行，递表呈请，要求袁世凯登基做皇帝，以“挽救人心不古的世风，挽救国家内忧外患的危险局面”，成为京城1915年秋天的一大奇景，令人叹为观止。

北京作为首都，向来都是中国政治运动的发轫之地。

不久，请愿运动在全国各地如火如荼地开展起来，绝大多数文武官员纷纷集会表态，上书劝进，争先恐后，举国若狂。

之前，袁世凯曾以述职为由，召各省将军进京，谈话中有意无意地询问各地“共和办得如何”。

当然，封疆大吏大多数揣摩圣意，对袁总统那点想法，早就心知肚明，一点就透，都猛拍老袁的马屁，连忙说：“共和办不得，还请大总统多负责任啊。”

还有更肉麻的。比如，非典型性北洋将领张作霖就说：“（对于帝制）东三省人民渴望甚殷，关以外有异议者，惟作霖一身当之。内省若有反对者，作霖愿率所部以平内乱，虽刀斧加身不稍怯。”

当官的一带头，全国各民间团体趋之若鹜，各地的劝进电报雪片般飞向中南海，飞向袁总统案头，似乎人人都向往着才被推翻三年的帝制时代。

9月19日，梁士怡发起组织的“全国请愿联合会”在北京安福胡同挂牌成立，推举沈云沛（前清遗老）为会长，那彦图、张镇芳为副会长。

“请愿联合会”发出宣言称：“民国肇建，于今四年，风雨飘摇，不可终日，父老子弟，苦共和而望君宪，非一日矣！……是以毕集同人，发起全国请愿联合会，同心急进，计日程功，作新邦家，慰我民意，斯则四万万人之福利光荣。”

“全国请愿联合会”成立当日，各地工商团体纷纷申请入会，并派员来京，共襄盛举。

“请愿联合会”马不停蹄，纠集各省代表多次向参政院请愿，请求变更国体。

顺便说一句，俺们中国人向来有“随大溜”的“光荣”传统，如果有人把这当做真实的“民意”，那他是注定少不了吃苦头的。

二、投票选皇上

折腾得差不多了，进入实际操作阶段。

进入9月份，袁世凯下令停止原定于10月10日庆祝中华民国成立4周年的一切活动，其中意义自不必言。

9月28日，梁士怡以参政身份串联了孙毓筠等9人，向参政院提出议案，建议召开“国民代表大会”表决国体问题，并拟就了《国民代表大会组织法》，提请参政院表决。

10月6日，在参政院通过了梁士怡的提案后，由袁世凯正式公布：

……本大总统以为改革国体，事端重大，倘轻率更张，殊非所宜。但《约法》所载，中华民国主权本之国民全体，解决国体，自应听之国民……本大总统受国民之付托，以救国救民为己任……惟有遵照约法，以国民为主体，务得全国多数正确之民意以定从违，京内外文武官吏有保全地方治安之责，应督饬所属维持秩序，静候国民之最后解决……用副本大总统遵守《约法》，尊重民情之至意。

左一个“遵守《约法》”，右一个“尊重民意”，袁世凯把自己塑造成一个开明的“民主形象”，欺世盗名，掩人耳目，实际上掌握了帝制运动的主动权。

其实，早在一个月前，筹安会第一次向参政院请愿变更国体时，袁世凯就委托杨士琦在参政院发表了一个宣言，打好了伏笔。

宣言说：“以本大总统所见，改革国体，经纬万端，极应审慎，如急遽轻举，多所窒碍，本大总统有保持大局之责，认为不合时宜。”但是，“本大总统现居之地位，本为国民公举，自应仍听之国民。如征求多数国民之公意，自必有妥善之上法……”

现在，“妥善之上法”终于找到了。那就是按照“民主”的程序决定改变国体，“顺便”再选出一个皇帝，既然是由“国民代表”投票决定的，那袁总统就只好“勉为其难”了，却之不恭，有悖民意嘛。

此前，为了制定正式宪法，袁世凯曾下令召集“国民会议”，成立了“国民会议事务局”，各地“国民会议”代表初当选人已经产生。

为了省时省力，这次“国民代表大会”代表的选举就在此基础“提速”进行，“国民会议事务局”也就成了全国决定国体选举皇帝事务的总机关，奉大总统命令办理一切决定国体和选举的事务。

需要特别说明的是，“国民会议事务局”按期发出指示和文告，并在报纸上大肆宣传，标榜这一决定国体、皇帝的大事完全出于民意，完全是合法的。

但这都是些官样文章，是作秀给世人看的。真正的指令是通过杨度、梁士怡、顾鳌等帝制派的干将的密电，给各省指示机宜，务求万无一失。

这些电文有的还比较含蓄，有的则相当露骨。

——此次以国民代表大会决定云者，不过取正式之赞同，更无研究之隙地，此种代表，应由贵监督暗中物色，先事预备。

——各县投票人，事实上虽系军民长官指定，而形式上仍须用各县推选字样，以昭郑重。一面指定各县投票人，一面即将各县投票人姓名，分饬各县知事，补具详文正式推举，但须倒颠日月耳。

——此项公民每县拟公推一人，能于省各机关中挑选此项人员，必不至于误会意旨。

——每县初选当选人来省报到，必须设招待员，接洽疏通意见，再由监督官以谈话、宴饮为名，召之至署，将君宪要旨及中国大势，并将拟定充选之人名示之，须用种种方法，总以必达目的为止。

发这些电文的人也觉得心里发虚，等到“大功告成”后，又拍发了这样一则电文：“此项文电，无论如何缜密，终贻痕迹，倘为外人侦悉，不免妄肆品评，更或史乘流传，遂留开国缺点；中央再次思维，以为不如一律查明烧毁，庶足以清积牍，而免遗憾。为此，请将有关文电一律查明，由贵将军、巡按使监督共同烧毁；如曾经行知各官吏者，亦饬令克期缴还，一同烧毁，并于烧毁及烧毁件数电知，以便查核。”

经过精心准备，缜密部署，选举“国民代表”的具体步骤如下：

第一步，确定各省“国民代表”候选人名单。候选人分为两部分，大部分由袁世凯本人及其亲信提名，主要是在京任职的军政官员，按他们的籍贯分到各省；还有一部分是各省乡绅和知名人士，这些人由各省将军、巡按使提名。候选人不经批准不得遗漏或篡改，“国民代表”必须在以上候选人中产生。

第二步，由各县知事推荐一名选举人，一般都是识文断字的当地绅士。

第三步，选举人在指定之日到省会的将军衙门谒见选举监督（由本省的将军、巡按使兼任）。选举监督在内厅设宴招待选举人。宴后，由选举监督召集选举人个别谈话，介绍本省“国民代表”候选人名单，征求选举人的意见。

如果选举人表示一切遵办，选举监督就请选举人把名单抄写清楚，立即陪同选举人到前面大堂里特设的选举厅里进行投票。如果选举人对候选人名单提出异议，选举监督就说待日后协商，说完端茶送客。随后，将该县知事狠狠斥责一顿，让其改荐其他合适的、听话的候选人。

10月25日，按照以上操作程序，全国共“选举产生”1993名“国民代表”。

接下来，国体问题表决的重头戏开场了。

“国民代表”选出后，并不集中召开国民大会，而是由“国民代表”在本省用记名投票的方式来表决国体。

选票上预先印好了“君主立宪”四个大字，由“国民代表”自己在选票上签名，再写下“赞成”或“反对”的字样，然后进行投票。投票之前，每名“国民代表”都收到“川资和公费”大洋500元。

11月20日，投票开始。在如此周密的安排之下，关于国体问题表决的投票率、赞成票都达到了100%。

投票结束后，“办理国民会议事务局”令各省将决定国体的全部选票送往北京，封存在参政院里备案。

这还不算完，还要趁热打铁。

投票结果当场公布后，按照事先的策划，会有某人登台演讲，推戴今大总统袁世凯为中华帝国皇帝，及早即位，以慰民心。接着，代表们全体起立，鼓掌赞同，并在《推戴书》上签字。

《推戴书》是早就拟好的："国民代表谨以国民公意，恭戴今大总统袁世凯为中华帝国皇帝，并以国家最上完全主权奉之于皇帝，承天建极，传之万世。"

一共49个字，字斟句酌，全国一致，一个字不能多，一个字不能少。

从代表的选举，到国体投票，再到推戴皇帝，严丝合缝，一气呵成，"又快又好"，仅用了不到一个月的时间，共同创造了人类选举史上的"神话"。

当然，风光的背后不是沧桑就是肮脏，"神话"背后往往也隐藏着"猫腻"。

仅以湖南一省为例，让我们来看看当年"选举"皇帝的"盛况"。据时任湖南靖武将军行署参谋处书记的涂竹居回忆：

办这样"滑稽无双"的大典，必须有"神秘莫测"的地方。适逢行署后面有新建而还空着的西式楼房一幢，四周围着高墙，中间有一正门，环境清寂，人迹罕到。这样的场所，做这令人难以想象的工作，真是再合适也没有了。

其中工作人员，都是经过汤芗铭选定指派的，由参谋处、秘书厅、副官处、出纳室、庶务室、军医处以及厨司、差役等各调来若干名，约计共达四十人左右。我们这一伙人进入新屋之时，每人只许携带被褥一套以及换洗的衣服数件，此外一切日用的零星物品，一律不得携带。其实也无须乎携带，因为这里面应有尽有，无烦操心。当我们一齐迁入之后，出乎我们意料之外的是，大门已加上了一柄特大的而又结实的铁锁，门外还站着武装的卫兵两名，日夜巡守。

再看看屋里面的设备吧！有大小各式各样的桌椅、沙发、床铺、电灯、电话，还有留声机……一律都是新置项下，周到齐全。

饮食方面更是阔绰无比，有中餐、西餐、白酒、花雕、啤酒、白兰地、牛奶、咖啡、可可，以及进口货的各色饼干、糖果等等。香烟有大炮台、加利克、大司令，还有上等的大小吕宋烟……真是无美不备，随时任你自由选择，开条领用。总而言之，在这围墙范围以内，是一个特殊的“小天地”，令我们每一工作人员都感到“受宠若惊”。要说是天堂吧，眼见重门深锁，无法越雷池一步，说是监狱吧，食用豪华，几乎埒于王侯。

与此同时，在外间供职而未派到新屋办公的一些参谋、秘书、副官等，也是在日夜奔走，忙着热烈招待由各县特派来省预备参加“大选”的一伙代表们。首先为他们开筵接风洗尘，其次是安排宽大而舒适的旅舍，并订妥最著名的酒楼和极其清洁的澡堂；同时又特为代表们布置下博弈消遣的场合数处，甚至于在樊西巷各乐户里物色了名妓数十人，随时歌唱、侑酒、侍寝……使各县代表诸公终日徜徉于吃、喝、玩、乐之中。

为时不久，接着就是大选。当时选举场所的布置也是非常奇特。从行署东西辕门起（东为入口，西为出口），一律用木柱彩绸和松枝扎成曲曲折折、万字形的阑干回廊，一径贯通到大堂，每一拐弯的地方，都站着全副武装的卫兵一名，显得杀气腾腾！

大堂上整整齐齐地布满了桌椅，每一桌子的上面都贴有参加选举者的姓名，不得随便乱坐。当日采用的是记名投票法。选票的上方横印着“兹推戴袁大总统为中华帝国大皇帝”的一行小字；中部印着两个空白大圈，这是预备填写“赞成”或“反对”两字用的；下方还印着三个小圈，由选举人将自己的真实姓名郑重地填入，不得误写。写时还有人在旁紧紧地监视着以防写误或交头接耳。选举人写毕后亲自投入票箱，然后按指定道路，由西辕门鱼贯而出，不得胡行乱走。在这种情况下，谁也不敢填“反对”二字，或误写姓名。

对于这次举世瞩目的“国体公投”，《申报》也做了详尽的报道：

投票之日，军署自大门以至投票处，军警夹道背枪荷戈。各代表于刀枪林立之中，鱼贯而入，其心已不能无惧。及入场，所谓将军者，又戎服登坛（台），慷慨以谈帝制之有利于中国，投票纸上又仅有“君主立宪”字样，并非谓帝制与共和并列，此反对二字，遂愈觉下笔难矣。投票已毕，即有职员捧出预定之推戴书，各代表哄然聚观，职员又厉声谓，诸君何必纷扰，一言以蔽之，举袁世凯为皇帝而已，为时已晚，望诸君从速签名，不然者，恐今日将不及出门矣。诸代表无法，遂一一遵教，到底未尝知推戴书中如何措词也。签名既毕，又有职员发起高唱大皇帝万岁三声，然当时众志不齐，声口不一，竟有误呼中华民国万岁、大总统万岁者。职员大怒，谓这回不算，卒另选六、七人于室隅，重唱大皇帝万岁，三声而罢。

对此，当时的有识之士一针见血地指出：

国体问题发生以来，所谓讨论者，皆袁氏自讨自论；所谓赞成者，皆袁氏自赞自成；所谓请愿者，皆袁氏自请自愿；所谓表决者，皆袁氏自表自决；所谓推戴者，皆袁氏自推自戴。质而言之，此次皇帝之出产，不外右手挟利刃，左手持金钱，啸聚国中最下贱无耻之少数人，如演傀儡戏者然。由一人在幕内牵线，而其左右十数嬖人蠕蠕而动；此十数嬖人者复牵第二线，而各省县官乃至参政院蠕蠕而动；彼长官等复牵第三线，而千九百余不识廉耻之辈，冒称国民代表者蠕蠕而动，其丑态秽声播于社会者何啻千百万事！由此观之，则此一出傀儡戏全由袁氏一人独演，此次阴谋一切表里之责任，皆应由袁氏一人完全负之。

就这样，由袁世凯自编、自导、自演的“帝制闹剧”即将进入高潮。

三、瑞蚨祥的龙袍

“民意”难违，“龙心”大悦。

12月11日，参政院秘书长林长民宣布：“汇查全国国民代表共一千九百九十三人，得主张君主立宪票一千九百九十三票，是全国民意业经决定君主立宪国体。”

随后，受“国民代表大会”委托，由副院长汪大燮领衔，参政院以“全国总代表”的身份向新皇帝袁世凯上呈“总推戴书”。声称：“共和国体，不适国情”，而袁大总统“至仁覆民而育物，神武戡乱而定功”，恳请其“仰承帝眷，俯顺舆情，登大宝而司牧群生，履至尊而经纶六合”。

据说，“总推戴书”不仅文采斐然，而且用锦帙牙签装订，缮印极工。

一心想当皇帝的袁世凯，看到这份“总推戴书”后自然心花怒放。不过，老袁也有一些心理障碍，必须彻底解决，皇帝的宝座才能坐得心安理得。

当日下午，袁世凯向参政院发出总统咨文，表面推让，实则道出了自己的思想顾虑。他先是狠劲地谦虚了一番：“本大总统从政垂二十年，迭经事变，初无建树。……上无裨于国计，下无济于民生，岂有功业足以称进。”接着，说出了心结所在：“追怀故君，已多惭疚，今若骤跻大位，于心何安？此于道德不能无惭者也。民国初建，本大总统曾向参议院宣誓，愿竭能力发扬共和，今若帝制自为，则是背弃誓词，此于信义无可自解者也。”

不难看出，袁总统的“心病”有二：

一是怕负于故主。袁世凯现在的位置是清朝皇帝所让，当个大总统还勉强说得过去。现在，你不让人家做皇帝，你自己倒做起皇帝来了，那些

“奸臣”、“篡位”等恶名足以让他遗臭万年。

二是怕背叛民国。老袁两次就职时的誓言犹在耳畔，要“发扬共和之精神，涤荡专制之瑕秽……”白纸黑字，红口白牙，宣示天下。如果称帝，不是自食其言，失信于民嘛。

所以，袁世凯思忖再三，觉得“道德不能无惭，信义无可自解”，虚情假意地让参政院“熟筹审虑，另行推戴，以固国基”。

参政院里人才济济，自然明白袁总统的心结，为帮袁总统卸下思想包袱，急忙于当晚召开会议，递呈了第二份“推戴书”，着重进行心理疏导，开出如下“药方”：

袁大总统您可千万不能这么想啊，您从政以来，有“经武、匡国、开化、靖难、定乱、交邻”等六大功烈。“迈越百王，琼绝千古”。昔日“清室鉴于大势，推其政权于民国，今则国民出于公意，戴我神圣之新君，时代两更，星霜四易……兴废各有其运，绝续并不相蒙”。那就任大总统时的誓言，只是“民国元首循例之词”。现在“国体已变，民国元首之地位已不复保存，民国元首之誓词当然消灭，凡此皆国民之所自为，固于皇帝渺不相涉者也”。所以，您“尽瘁先朝，无负国民”，做皇帝是天经地义，众望所归，任何顾虑都是多余的。迫切盼望您“亟颁明诏，宣示天下，正位登宝，以慰薄海臣民喁喁之渴望，以巩固我中华帝国万年有道之鸿基！”

特别值得一提的是，第二份“推戴书”共2600多字，言简意赅，文采斐然，从拟稿到誊写却只用了15分钟，可见是“袁导”早就安排好了的。

话都说到位了，程序也走完了，台阶铺得舒舒服服、稳稳当当，袁大总统“天与人归”，不再忸怩，于第二天发表申令：“天下兴亡，匹夫有责，予之爱国，讵在人后?……国民责备愈严，期望愈切，竟使予无以自解，并无可诿避……”

这一天终于来了。

1915年12月13日，农历十一月初七，据高人推算乃大吉大利的黄道吉日。

这天早晨，总统府、政事堂、大元帅统率办事处及各部司长、局长及军队师长以上官员，突然接到紧急通知，袁大总统即日在居仁堂登极，即刻准备依次分批朝贺。

虽在意料之中，大家还是手忙脚乱一顿忙活，准备朝觐新皇，也不知道穿什么好，回家换衣服也来不及，只好将就了。

当时，京畿地区的官员也得到消息，也要赶着入京朝贺。但随即接到指示：地方大员，守土有责，应以职守为重，概免朝贺。

上午9时许，朝贺典礼开始了，主持仪礼的是奉天将军兼巡按使段芝贵。

居仁堂大厅中上首摆设龙案龙座，龙座设在龙案前面，两旁并无仪仗，只有平日贴身伺候袁的几个卫兵排列在座后两旁。袁这天龙衮、皇冠并未加身，只穿着平时的大元帅戎装。他素来不欢喜上饰叠羽的元帅军帽，平时很少戴用，这时也未戴帽。参加朝贺的人先到先贺。当时段芝贵传袁的话，说行礼要简单些，三鞠躬就行了。但大家朝贺时，仍旧跪拜，很多人还行三跪九叩首的大礼，只是旁无司仪，因之行礼时并不齐整。朝贺人下拜时，袁并未就座，只站在座旁，左手扶着龙座搁臂，右手掌向上，不断对行礼者点头。有时对年长、位高的人，袁就做出用右手搀扶的姿态，表现出一种内心受用而外表故作谦逊的难以刻画描写的复杂心态。朝贺者有的着戎装，有的着袍褂，有的着便服，形形色色，多种多样。当天引人注意的是黎元洪、徐世昌、段祺瑞等并未参加。

袁世凯对臣子们说：“国民趋向君宪，厌弃共和，举国一心，势不可遏，民之所欲，天必从之……予被全国人民推戴为中华帝国皇帝，自顾实不胜惭悚。我国国势积弱，险象四伏，如求转弱为强，殊非易事。国家建造之始，即当为久远大计，来日方长，更不知有几许困难。大位在身，永无息肩之日，故皇帝实为一忧勤惕厉之地位，绝不可以安富尊荣视之；且历代皇帝子孙鲜有善良结果，即平时一切学问职业，皆有限制，不能自由。予今为救国救民计，牺牲一身，牺牲子孙，亦义不敢避。”

得了便宜还要卖乖呢。为了表明他这个皇帝的“先进性”，袁世凯又规定：

至亲王以下至于宗室，犯法治罪，与庶民一律；亲王、郡王可以为海陆军官，但不得组织政党，不担任重要政治官员；永废太监宫女制度，改用女官；永废跪拜礼和各方进呈贡品制度；凡皇室亲属不得经商办企业……

其中，召选女官的条件是：身家清白及品谊纯正，年龄在14岁至25岁之间，略具姿色而体质健全，未出室及未受聘之黄花闺女，或孀妇未生育，无烟酒等不良嗜好等等。

老袁把这些年轻貌美的女子放在宫中服务，其用意是不言而喻的。

接着，袁皇帝为了笼络人心，赏官鬻爵，大封群臣。他封老朋友徐世昌、赵尔巽、李经羲、张謇为“嵩山四友”。四老德高望重，为了体现“人情味儿”，就不让他们跪拜称臣啦。另外，还要给他们每年津贴2万元，赐紫禁城内肩舆、穿特种朝服等待遇，以尊国耆。可惜的是，四老并不领情。

徐世昌对人道：“你们说何谓嵩山四友？”

有人说：“嵩山，名山也，名山、名相、名友之意。”

徐世昌却笑着说：“所谓嵩山四友，即永不叙用之意。”

接下来，就轮到掌握实权的文武大员和封疆大吏了。按照其地位高低及对袁氏的忠诚度，有128人分别被授予公、侯、伯、子、男等爵位。

比如：龙济光、张勋、冯国璋、姜桂题、段芝贵、倪嗣冲等人“劳苦功高”，被封为一等公；汤芗铭、李纯、朱瑞、陆荣廷、赵倜、陈宧、唐继尧、阎锡山、王占元为一等侯；张锡銮、朱家宝、张鸣岐、田文烈、靳云鹏、杨增新、陆建章、屈映光、齐耀琳、曹锟、杨善德、雷震春等为一等伯，刘显世、马继曾、张敬尧等为一等子；倪毓棻、张作霖、肖良臣为二等子，许世英、张怀芝、尤觐光、陈炳焜等人为一等男。

另外，孔子后裔孔令贻仍袭衍圣公，特加郡王衔，以示隆恩。满、蒙、回、藏贵族也“表现”不错，原优待条件继续有效，保持不变。

对于以上安排，袁世凯深思熟虑，反复酝酿，力争团结一切可以团结的人，做到面面俱到，皆大欢喜，以获得各方对帝制的拥戴和支持。

开国登基大典的“正日子”定在明年元旦。只有半个多月了，时间紧，任务重。

12月19日，大典筹备处在中央公园来今雨轩正式成立，内务总长朱启钤任处长，各种职员多达400余人。

袁世凯特颁布《筹备典制》令，冠冕堂皇地说道：“缛节繁文，概从摒弃……不尚虚文，重惜物力，用副归真返璞，轸念民生之至意。”

话虽这么说，谁都知道这可是个肥差俏活，不仅可讨皇帝老儿欢心，又有大把的银子可捞，把个老朱乐得屁颠屁颠的，晚上做梦都笑醒了。

别的先不说，先晒晒袁皇帝的御用品：

登极和祭祀用的吉服，即衮冕、玄衣、纁裳、大带、中衣、朱袜、赤舄，都是按章制定的。衮冕的冕延前后各垂旒十二，每旒贯明珠十二，每珠圆径二分，末缀五彩玉，冕的边围饰金云龙二，上施八梁，下施金绣云山纹，冠章以金为质，饰起花云龙二，中嵌大珍珠一环，珍珠十二，通体圆径一寸八分。衣用金绣日、月、星辰、龙、山、华、虫、火、宗彝、藻九章、裳用金绣粉米、黼、黻三章，衣裳皆绿金织云龙锦。中衣上织金云锦。大带用金织云龙锦。朱袜饰以金绣云龙。赤舄缘以金锦，绣金云纹。仅登极和祭天用的两袭龙袍，即价值70万元。

龙袍准备在瑞蚨祥定制。当朱启钤把样式和报价进呈“御览”时，袁皇帝喜笑颜开，连说：“皇帝登极之冕服，统计亦不过百万金，不可谓不俭。较之前清设立织造衙门之费，尚不止百万金，而所织造之物尚不与焉。”

朱启钤忙说：“我皇圣明洞照，彼商人闻帝制重光，新朝景命，不胜欣悦，自愿略尽献之微忱，折收半价。臣以为万代创业之始，何惜区区经费。且此袍织工三十六名，每名月薪火食须数百金，即应支数万金，而其工料等皆购自他国，钻石、宝玉动辄十余万，盖其资本已在百万左右。臣以其半尽义务之请，出自至诚，未可固执，因以二十万金为犒赏费，共为七十万，渠始承允，此亦我皇之特恩耳！”

老袁听后，直夸朱启钤会办事。实际上，仅在这一项上，老朱就不知道拿了多少“回扣”，勿论其他了。

玉玺先从清室借来，但因是满汉合璧，不合要求（另说用亡清之玺不吉利），于是仿袭明制，新铸两颗印玺，一颗对国内使用的“皇帝之宝”，一颗对国外使用的“中华帝国之玺”，另铸金质玉宝五颗，价值60万。

还有呢，登基地点设在紫禁城，中华门、天安门、午门及三大殿均修缮一新。太和殿、中和殿、保和殿改名为承运殿、建极殿、体元殿，原殿顶黄琉璃瓦全部涂成红色，殿内圆柱一律改漆红色，当中的八大柱加髹赤金，饰以盘龙云彩，工程费怎么也得200万以上。

为什么要涂成红色呢？袁世凯的理论是：“历汉代以来帝王，俱尚黄色，已二千余年，气数已尽，故有民国之变。今重建帝国，不宜再袭旧文。且帝王当阳向南，离明之象，色宜尚赤。火能压土，以火德王，亦属古义，故主用赤色。”

承运殿内设有宝座，扶背雕九龙，镶嵌珠宝，价值40万。宝座前设有雕龙御案，案前左右排列古鼎、古炉各三座。座后陈设镶嵌宝屏，屏侧各置日月宝扇一对。

据统计，加上各种活动费、宣传费、招待费、铸造新币、烧制洪宪彩瓷（笔者就有一对洪宪款帽筒，画工精湛）、犒赏军队及其他人财物的开销，袁皇帝这次“消费”有据可查的总额达3000万元，其秘密开支不知几许。

袁世凯年薪为36万元，另有公费每年150万元、交际费54万元，年可支配收入整整240万元，这可是个不小的数目，据说当时美国总统年薪才15万元。但以上花销袁总统本人不会掏一分钱，花的是国库的帑银、发行的公债、救国储金、国有银行资本金等等，归根结底都是老百姓的血汗钱。

最关键的还是“国号”、“国歌”和“国旗”。

关于国号，袁世凯命通硕大儒们钻进故纸堆，旁征博引，集思广益。据说，“洪范五行，为帝王建号之基，历察谶纬，洪字累累如贯珠”，于是先拟定了“洪”字。再者，中华帝国实行君主立宪制，袁世凯亲自取了一个“宪”字，最终敲定“洪宪”二字。

1915年5月，北洋政府颁布了由荫昌作词的新国歌《中华雄立宇宙间》：中华雄立宇宙间，廓八埏，华胄来从昆仑巅；江湖浩荡山绵连，共和五族开尧天，亿万年。

12月19日，袁世凯亲自将“共和五族开尧天”改为“勋华揖让开尧天”，作为中华帝国国歌。

国旗也由五色旗演化而成，原来的汉（红）、满（黄）、蒙（蓝）、回（白）、藏（黑）从上到下依次排列改为满、蒙、回、藏分列四方，汉族居中一统天下。

按照规定，文武官员一律称“臣”，上呈袁世凯的文件也改称“奏折”，登极典礼的程序也由筹备处制定完毕。京师警察厅、步兵统领衙门派人将城内所有门对、牌号、告白、墙壁等有共和字样的地方全部涂抹掉。

万事俱备，一切就绪。

12月31日，袁世凯下令自1916年1月1日起，中华民国五年改为中华帝国洪宪元年，总统府改名新华宫，总统府归文处更名为奏事处，总统府护卫总指挥处更名为大内总指挥处。

就在袁世凯接受百官朝贺的那天中午，各省请愿团和北京绅商400余人聚于新华门前跪贺，口呼“中华帝国万岁”，高唱新“国歌”。

这时，被山呼万岁之声搞得迷迷瞪瞪的袁世凯也许不会想到，乐极生悲，大限将至，他的好日子要到头了。

第六章　师生万里赴戎机

一、从保皇到反帝

诸行无常，因果相续；祸福无门，唯人自召。袁世凯到底还是栽在“宿敌”梁启超手里。

要说在中国玩“君主立宪”，梁启超可是祖师爷一级的人物。因此，梁先生的态度至关重要。

进步党“退步”后，梁启超又辞去了币制局总裁一职。虽然袁世凯又聘任梁先生为高等政治顾问、宪法起草委员会委员等职，但梁先生仍然赋闲在家，壮志难酬，比较郁闷。

杨度看在眼里，喜在心头，决定找个机会摸摸梁启超的实底，看看这位昔日“保皇党”的领袖现在是咋想的。

1915年年初，杨度请袁克定出面，邀请梁启超到京郊汤山踏春。酒席宴上，三人推杯换盏，随意闲聊。酒过三巡，菜过五味。袁大公子借着酒劲，“历诋共和之缺点”，暗示变更国体的可行性，问梁启超：“任公，你怎么看？”

梁知道事关重大，不置可否，只好以“我只研究政体，不研究国体”来搪塞。结果，话不投机半句多，三人不欢而散。

是非之地不可久留。

这次宴会后，梁启超怕惹来麻烦，拒聘政治顾问一职，举家搬到天津

“避难”，但却时刻关注着帝制活动的动向。

期间，梁先生回广东新会给父亲祝寿，特意给袁世凯写了封长信，劝谏袁“何苦以千金之躯，为众矢之鹄，舍磐石之安，就虎尾之危，灰葵藿之心，长萑符之志。启超诚愿我大总统以一身开中国将来新英雄之纪元，不愿我大总统以一身做中国过去旧奸雄之结局。”

袁总统置若罔闻，未加理会。

筹安会成立后，变更国体的趋势日益明朗，梁启超终于坐不住了，形势迫在眉睫，他必须表态了：

> 吾不能忍（昨夜不寐，今八时矣），已作一文，……其文论国体问题也，……吾定不忍坐视此辈鬼蜮出没，除非天夺吾笔，使不复能属文耳。

决心已定，生死置之度外。

此时，梁先生正身患赤痢。他从病床上一跃而起，提起如椽大笔，连夜写就了一篇雄文——《异哉所谓国体问题者》。

这篇文章洋洋洒洒万余言，笔触老辣，有理有节，字字珠玑，不同凡响。同时，此文写得很客气、很含蓄、很策略，虽没明说反对袁世凯复辟帝制，但字里行间所表达的意思是不言而喻的。

首先，梁启超旗帜鲜明地反对变更现行的共和国体。

他指出：国体本无绝对之美，而惟以已成之事实，为其成立存在之根源，而施人为的取舍于其间，宁非天下绝痴妄之事？如果“挟一爱憎之见，而以人为地造成事实，以求与其爱憎相应，则祸害之中，于国家将无已时……在现行国体之下，国民群策群力，以图政治之改革，则希望之遂，或尚有其期。旧国体一经破坏，而新国体未为人民所安习，则当骤然蜕变之数年间，其危险苦痛，将不可思议。所以，在现行国体之下，而思以言论鼓吹他种国体，则无论何时皆反对之”！

至于古德诺的《论共和与君主》中关于“国体须与国情相适”的论

述，本极普通，非有甚深微妙，与我十年旧论同其牙慧，特其透辟精悍尚不及我十分之一、百分之一。独惜吾睛不蓝，吾髯不赤，故吾之论不宜为国人所倾听么。那种以为“国体一更，政治即可随之翻然而改”，非英雄欺人之言，即书生迂阔之论罢了。

况且，如果实行君主立宪，则谁来做君主呢？今大总统不肯帝制自为，既屡次为坚决之宣言。如果别人来做，则将置今大总统于何地？就算今大总统以国为重，肯降心相就，而我国民所要求于大总统者，岂希望其作一无责任之君主？就算今大总统不妨为无责任之君主，而责任内阁能否成立，能否适用，仍是一问题（现在国中欲求具此才能资望之人，足以代元首负此责者，我还没见到呢）。如其不然，则仍是单纯之君主制，非君主立宪制，除非其于立宪二字，别有解释。

至于中美、南美、葡萄牙诸国之乱，如其国体为君主，而丧乱就可以免吗？波斯不是君主国吗？土耳其不是君主国吗？俄罗斯不是君主国吗？试一翻其近数年之历史，不乱者能有几何？平心论之，无论何种国体，皆足以致治，皆足以致乱。故治乱之大源，十有八九系于政象，而不系于国体。

自古君主国体之国，其人民之对于君主，习俗上一种似魔非魔的观念，以保其尊严；此种尊严，自能于无形中发生一种效力，直接间接以镇福此国。君主之可贵，其必在此。尊严者，不可亵者也，一度亵焉，而遂将不复能维持。若经一度共和之后，此种观念，遂如断者之不可复续。则共和复返于君主，其难可想也。

其次，痛斥帝制派无事生非，奉劝袁世凯认清形势，谨慎行事，绝不可骤然称帝。

梁启超说：中国若能复返于帝政，必须等今大总统内治修明之后，百废俱兴，家给人足。整军经武，尝胆卧薪。遇有机缘，对外一战而霸，功德巍巍，亿兆敦迫。受兹大宝，传诸无穷。……故以吾侪国民之在今日，最宜勿生事以重劳总统之忧虑，俾得专精壹虑，为国家谋大兴革，则吾侪最后最大之目的庶几有实现之一日。今年何年？今日何日？大难甫平，喘息未定，强邻胁迫，吞声定盟，水旱疠蝗，灾区遍国，哀鸿在泽，伏莽在林。今独何心，乃有上表劝进之举？如果现在实行帝制，就是果未熟而摘之，实伤其根，孕未满而摧之，实戕其母。

今日对内对外之要图，其可以论列者不知凡几，公等欲尽将顺匡救之职，何事不足以自效？何苦无风鼓浪，在共和国体之下，目无纪纲，兴妖作怪，徒淆民视听，而贻国家以无穷之戚也！则倡论之人，虽九死何以谢天下？

梁先生这么说，一来表明了自己的态度，二来也给袁世凯留足了面子。同时，更反映了他内心的矛盾。

纵观梁启超一生，他的思想观念和政治立场似乎总在变。但万变不离其宗，目的只有一个，就是为中国探索出一条真正强国富民的道路。

1915年8月20日，《异哉所谓国体问题者》在梁先生主编的《大中华》杂志上发表。随后，全国各报竞相转载，又译成外文，印单行本发行，销路之广，影响之大，朝野上下，街头巷尾，议论纷纷。

据说，文章发表前，杨度急往天津，劝说梁启超毁掉此文，梁先生不允，两人争论得面红耳赤，不欢而散。

袁世凯也听到风声，急忙派人携20万元巨款到天津，想劝诱梁启超不要发表该文。梁启超没有答应，并把文章抄录一份请袁总统“雅正”。

袁世凯看后恼羞成怒，派人威胁说：“亡命已十余年，此种况味亦既饱尝，何必更自苦。”

梁启超毫不理会，对来人笑答：“余诚老于亡命之经验家也，余宁乐此，不愿苟活于此恶浊空气中也。”

梁先生还公开发表谈话：“夫天下重器也，置器而累迁之，其伤实多，吾滋惧焉。故一面常欲促进理想的政体，一面常欲尊重现在的国体，此无他故焉。”

梁启超决心与袁世凯“作对”，固然不是一时头脑发热，而是经过深思熟虑的。

从1912年10月回国至今，对袁世凯从拥护到反对，梁启超经过了一段漫长的心路历程，而其根本原因，用他自己的话说就是：

第一，吾党夙昔持论，厌畏破坏，常欲维持现状，以图休养。今以四年来试验之结果，此现状多维持一日，则元气多断丧一分，吾辈掷此聪明才力，助人养痈，于心何安，于义何取？

第二，吾侪自命稳健派者，失败之迹，历历可指也。曾无尺寸根据之地，惟张空拳以代人呐喊，故无往而不为人所劫持，无时而不为人所利用。……当此普天同愤之时，我若不自树立，恐将有煽而用之假以张义声者。我为牛后，何以自存？

还有，他的学生蔡锷曾对他说过这么一句话：今日而言救国，拿枪杆子比拿笔杆子更重要。

因此，梁启超清醒地意识到，要实现任何政治抱负，必须有实力作保证。否则，一切理想都是纸上谈兵、空中楼阁，甚至自身难保。

喊破嗓子，不如甩开膀子。

梁启超深知，这条路充满艰险，但为了自存，为了理想，他别无选择。

二、这才是小凤仙

燕蓟大地的仲夏之夜，凉风习习，暑气渐消。

在北京开往天津的一趟列车上，一个面容消瘦的青年人，眼望窗外的夜色，紧锁双眉，若有所思。他就是蔡锷将军。

1913年10月，蔡锷进京后，鉴于他的才干和威望，袁世凯对其百般笼络，大加赏赐，一心想把他拉进自己的圈子里，为我所用。

袁世凯先后任命蔡锷为陆军部编译处（负责编写军事教材等）副总

裁、全国经界局（负责丈量土地、勘测矿产等）督办、陆海军大元帅统率办事处办事员、政治会议议员、参政院参政等职，并加昭威将军衔，隆恩眷顾。

您要是认为这些职务都是些“虚衔”那就大错特错了。

官位的虚实也要辩证地看，有时候“虚衔”的作用也不一定比“实职”小，是虚是实，这就全看领导的意思了。

统率办事处是袁世凯掌握权力的核心机构，能在这里当个一官半职的，大都是老袁北洋亲信中的亲信，只有蔡锷一个“外来户”。

据说，袁世凯还想让蔡锷当参谋总长或陆军总长，后因引起北洋将领强烈反对而作罢。

士为知己者死。看到袁总统对自己这么“够意思”，蔡锷也是百感交集，认为“袁是中国的一个人才，能把中国治理好，想带着袁世凯走上政治轨道，替国家做些建设事业”。因此，蔡锷把全身心投入到各项工作当中，不迟到，不早退，认真履职，殚精竭虑。

他在军事学术研究、经界制度建设等领域颇有建树，亲自编写了《军事计划》、《经界法规草案》、《经界纪要》等著作，希望通过军事变革、发展经济以达到富国强民的目的。

蔡锷认为：“近百年来，为一切政治原动之根本者，则立宪制度是也；为一切军事原动之根本者，则义务兵役制是也。新国家之有是二者也，犹车之有两轮，鸟之有两翼。”

蔡将军真不愧为梁启超先生的高徒，张口闭口不离“立宪”二字。

辛亥革命后，蔡锷政治立场日趋稳健。身为进步党中掌握实权的干将，他曾积极反对“二次革命”，力挺袁世凯搞“中央集权”，把实现自己政治理想的愿望寄予了袁总统，对袁恭敬有加。

就在这期间，发生了至今令人津津乐道的“蔡锷与小凤仙”的故事。

八大胡同位于老北京前门地区，是民国年间著名的“红灯区”。逛八大胡同，住六国饭店（现为华风宾馆），是当时在京达官贵人们官场应酬、寻欢作乐的首选。

有道是英雄难过美人关，身居高位、年仅33岁的蔡锷自然也不例外。

小凤仙是苏州名妓，色艺俱佳，“粗通翰墨，喜缀歌词，又生成一双慧眼，能辨别狎客才华”。她15岁时辗转来到北京，成为八大胡同云吉班的“头牌”，红极一时。

蔡锷与小凤仙结识后，英雄遇美，一见倾心，两情相悦，卿卿我我，遂成就了一段佳话。

据说，蔡锷专为小凤仙题写一联云：“此际有凤毛麟角，其人如仙露明珠”，联中嵌入“凤仙”二字，可见两人交情不浅。

不久，沉醉在温柔乡中的蔡锷感到时局不对劲儿了。

随着袁世凯一步步破坏共和，倒行逆施，特别是帝制运动发起后，满怀一腔爱国热情的蔡锷逐渐看清了袁世凯的本来面目，大失所望，对袁世凯的看法发生了根本变化。

他终于认识到：“袁氏叛逆，以致强邻生心，内乱潜滋。际兹千钧一发之会，吾侪乃不得不负重而趋”。

筹安会成立的第二天，蔡锷以劝说梁启超停止反对帝制为借口，搭乘晚车赶到天津，和梁启超等人一起来到汤觉顿的住所，商议反对袁世凯复辟帝制的对策。

大家感到，“旧国民党的人，都已逃亡海外，在国内的许多军人文人都被袁世凯收买得干干净净”，“若是不把讨贼的责任自己背在身上，恐怕中华民国从此就完了”。

梁先生对蔡锷说：“我的责任在言论，我必须立刻作文，堂堂正正反对帝制，你在军界有影响力，应该韬光养晦，虚与委蛇，千万不要为袁氏猜忌，等时机成熟再一起讨袁。”

从此，蔡锷以养病为由，经常往来于京津之间，与进步党骨干人物戴戡、王伯群、汤觉顿、徐佛苏等人，在前众议院副议长、进步党名誉理事陈国祥寓所，密谋倒袁计划。

在秘密会议上，蔡锷年轻气盛，对大家说："眼看不久便是盈千累万的人颂王莽功德，上劝进表，袁世凯便安然登其大宝，叫世界看作中国人是什么东西？国内怀着义愤的人，虽然很多，但没有凭借，或者地位不宜，也难发手。我们明知力量有限，未必抗他得过。但为四万万人争人格起见，非拼着命干这一回不可。"

与会者赞同起义反袁，认为如果任袁世凯帝制自为，中国必亡，要救国救民，必须争取自动，率先发难，得失之机，间不容发。

从哪里下手呢?

梁启超认为："滇凭地险，重以人和，为不可胜，以待可胜。一旦倡议，全国昭苏……"

云贵地区位于西南边陲，地势险要，偏安一隅，是袁世凯北洋势力尚未达到之地。况且，蔡锷曾任云南都督，颇有威望，滇军将领多是其部下，一呼百应。另外，戴戡曾任贵州省民政长和巡按使，王伯群还是贵州护军使刘显世的外甥，两人在云贵上层人脉广泛。

因此，进步党经营大西南，作为起兵反袁的根据地，天时地利人和，是比较合适的。

他们计划"云南于袁氏下令称帝后即独立，贵州则越一月后响应，广西则越两月后响应，然后以云贵之力下四州，以广西之力下广东。约三四个月后可以会师湖北，底定中原"。

他们商定，戴戡、王伯群即赴云贵，利用各种关系策动反袁，做好起事准备。梁启超、汤觉顿也动身南下两广，游说各地实力派反对帝制。蔡锷身处虎穴，表面上要"似甚驯服"，迷惑袁世凯耳目，再找机会脱身，赴滇组织讨袁。

三、"猫和老鼠"的游戏

蔡锷频繁地与梁启超等进步党人接触，疑心颇重的袁世凯不会不知道。

为了不使反袁计划泄露，足智多谋、心思缜密的蔡锷只好用起“瞒天过海”之计，先哄老袁高兴，待取得他的信任后，再神不知鬼不觉地离开北京。

《异哉所谓国体问题者》发表后，舆论大哗。为了避免嫌疑，蔡锷急忙与老师“划清界限”，逢人便说：“我们先生是书呆子，不识时务。”

有人问：“你为什么不劝劝你先生？”

蔡锷答：“书呆子哪里劝得转来，但书呆子也不会做成什么事，何必管他呢。”

杨度不放心，问蔡锷对梁启超的观点怎么看。

蔡锷一语双关，答道：“师友为同一人伦，以前你和梁先生同为保皇会同志，何以今天也各执己见，各走不同的道路呢？”

8月25日，蔡锷参加在云南会馆举行的集会，并第一个在赞成帝制的请愿书上签字。

此后，蔡锷与小凤仙成双成对，经常出现在公开场合，口口声声表示支持改变国体，期盼袁总统早登大位。

袁总统听说后很欣慰。他也许没想到，一个要他老命的计划正在他的眼皮底下悄悄进行着，而蔡锷就是这个计划的主要策划者和执行者之一。

一天，蔡锷收到黄兴从美国寄来的一封信。信中除了叙旧外，还希望蔡锷设法早日脱身，起兵反袁。

尽管政治观点不同，由于是湖南老乡，黄兴与蔡锷私交不错，这回也算是英雄所见略同了。

黄兴怎么到美国了？二次革命失败，革命党人流亡日本，“二十年来之革命精神与革命团体，几乎一蹶不振”。

黄兴与孙中山两人在一些原则问题上产生重大分歧，原国民党一分为二。孙中山另组中华革命党，主要骨干有陈其美、居正、胡汉民、廖仲恺等人。黄兴也参加了欧事研究会（时逢一战正酣，以研究欧洲战事为由），主要成员有李根源、李烈钧、熊克武、陈炯明、程潜、林虎、钮永建等人。

不久，黄兴偕妻子徐宗汉到美国游历，但仍时刻关注着国内局势的变化。

袁世凯在国内弄出这么大动静，流亡海外的革命党自然不能坐视。各路人马纷纷行动，除了口诛笔伐之外，还派人在各地举行武装起义，伺机扳倒袁世凯，报两年前“二次革命”失败的一箭之仇。这些起义大多以失败告终，但仍在一定程度上撼动了袁世凯的统治基础。

面对这种形势，以黄兴为领袖的“稳健派”采取了另外一种形式进行反袁活动。黄兴除了给蔡锷写信外，又让他留在日本东京的代理人张孝准派专人携带密码本来到北京，秘密见到蔡锷，准备掩护蔡锷先到日本，再转道赴云南起事。黄兴认为，张孝准是蔡锷在日本士官学校时的同窗好友，让他联系蔡锷比较安全。

尽管如此，蔡锷一趟趟往天津跑，在京中频频与一些陌生人来往，又与云贵等省的军政要人密电往还，这不能不引起袁世凯的注意，位于棉花胡同66号的蔡宅周围布满了便衣侦探。

10月14日，蔡宅突然闯进来一群不明身份的军人，不由分说，翻箱倒柜，到处搜寻，折腾了好一阵，也没找出他们想要的东西，才怏怏离去。

谁这么大胆子，敢在太岁头上动土，竟然跑到蔡大将军府上“撒野”？蔡锷明知道这准是袁世凯指使人干的，但他还是佯装十分气愤，给京畿军政执法处处长雷震春打电话，厉声质问事情缘由。

雷震春自然不愿把事情搞僵，急忙道歉：蔡将军，这都是误会，真是岂有此理，实在对不起……最后，不知从哪找来几个“替罪羊”，枪毙了事。

看来老袁已起疑心，夜长梦多，事不宜迟。

蔡锷开始行动了。临行前，蔡锷把自己的将军服、军刀和勋章寄给先期回到老家的母亲，以示不成功便成仁的决心。

关于蔡锷设计离开北京的故事，众说纷纭，史学界也没有一个确切的定论，而后来的影视剧为了吸引观众眼球，更是做了较为夸张的渲染，说是凤仙姑娘智勇双全，舍身掩护蔡锷脱险，把小凤仙塑造成一个“侠女”的形象。

事实也许并未如此。

我们比较相信张鸣教授的一个说法，他在《被“侠妓”的小凤仙》一文中写道：

当蔡锷谋划好要出逃的时候，正好同为总统府军事顾问的哈汉章将军为其祖母祝寿，开堂会，谭鑫培等要角也来捧场。蔡锷来到哈家，找了几个好朋友，一起通宵打牌。这种事，当年也是常态。说八点上班，十点钟能来就不错了。打到早晨七点，蔡锷离开哈家，径直来到总统府上班。盯梢的侦探，累了一晚上，见蔡锷进了总统府，也就放心地散去。可是，此时离上班时间还早，总统府的人诧异蔡锷为何来得这么早，蔡锷说他的表，已经到点了。随即在总统府给小凤仙打了一个电话，说中午12点半，一起到某个馆子吃饭。然后在统帅办事处晃了一圈（太早，里面根本没有人），随即从后门溜走，乘三等车，直达天津，从天津坐船去日本，然后绕道越南，进入云南。整个过程，涉及小凤仙的，仅仅是一个电话。但是，蔡锷逃走之后，因为这个电话，小凤仙大受牵连，被盘诘终日，当然什么也没问出来，因为她也是丈二和尚摸不着头脑。京城屠夫陆建章这边的侦探没法交差，于是编出小凤仙坐骡车去丰台车站，将蔡锷藏在里面，因此逃脱的故事。这故事风流，外面的人，当然也乐意传播，于是小凤仙侠妓之名，就从此远播四方。

这里再补充一下，蔡锷溜到火车站后，梁启超的家人曹福已买了两张车票，在此等候多时。两人一同乘火车到了天津后，由曹福带着他到意大利租界匆匆和梁启超见了一面，随即住进在日本租界的同仁医院预定的房间。

这时，张孝准也受黄兴指派从日本来到天津。蔡锷将有关文件、勋章和多种特任状交给张孝准，让他先行带到日本，以便遇险时设法脱身。

12月初，在梁启超精心安排下，蔡锷换上日本和服，改名换姓，登上日本的山东丸号运煤船东渡而去。临行前，蔡锷给袁世凯发电报，以“病体未痊，须恳续假调治，俾得迁地疗养”为由，托病请求派员代理职务。

袁世凯眼睁睁地看着蔡锷从眼皮底下溜走，懊悔不及，束手无策。

海阔凭鱼跃，天高任鸟飞。

抵达日本后，张孝准等人已将一切安排妥帖。蔡锷心情愉快，原先的喉疾似乎也好了很多。

为了迷惑袁世凯，蔡锷又兴致勃勃地玩起了“猫和老鼠”的游戏。他将事先写好的亲笔信和明信片交给张孝准，请张孝准到箱根、热海等名胜旅游，每到一地再把信件和明信片寄回国内，造成他正在日本游玩养病的假象。

袁世凯不断看到蔡锷在日本治病疗养的报告，“见来信笔迹一点不错，邮局销号一点不错，不由他不信”。就在报告上批示，希望蔡锷早日痊愈，回京供职。

与此同时，蔡锷已从神户登船，经上海、香港、海防，从越南境内进入云南。直到这时，袁世凯才恍然大悟，连连叹道：“自己一世做人聪明伶俐，不料这回被梁启超、蔡锷装在鼓子里头……”

第七章　北洋大佬小算盘

一、不当亲王

反对袁世凯称帝的不止是革命党和立宪派。

在袁系“体制内”，死心塌地拥护帝制的人，除了筹安会那几个人和袁皇帝身边的几个亲信外（如袁克定、朱启钤、阮忠枢、段芝贵、袁乃宽、张镇芳等人），真心赞成帝制的重量级人物并不多。

副总统黎元洪就算一个。

帝制运动兴起后，身兼参政院长和参谋总长的黎元洪很不以为然，不想趟这道浑水，急忙托病向袁世凯请假，躲在家中，拒绝参加一切政治活动。

1914年8月，北京中南海里杨柳依依，风景如画。

杨度受袁总统所托，来到瀛台看望黎元洪。杨先生先是向黎副总统转达了袁大总统的“亲切问候”，又把筹安会吹了个天花乱坠，劝说黎元洪发挥影响力，支持帝制活动。

在大是大非面前，平时老实巴交的黎副总统一点也不糊涂，态度异常坚定，表示说：“我身为民国副总统，对此违背民国事，非愿所闻。”

送走杨度后，深知袁世凯为人的黎元洪感觉不妙，为了避免招人暗算，他急忙向袁提出瀛台冬季寒冷，希望迁往别处居住，并请求辞去一切职务，在家静心养病。

为了笼络住这尊“黎菩萨”，袁总统不能让他辞职，但允许黎搬出中南海，并花10万元买下东厂胡同原荣禄的大宅子，装饰一新，送给了黎元洪。

对于袁总统的好意，黎元洪一不感谢，二不拒绝。举家搬进这座非常讲究的四合院后，每日晨起，讽诵佛经，与人酬酢，颓然若愚，成了名副其实的“黎菩萨”。

袁克玖是袁世凯的第九子，十三四岁年纪，小伙子知书达理，英俊潇洒，深得老袁喜爱。在一次袁黎两家的聚会上，黎太太见袁克玖举止得体，与众不同，连连夸赞说：“此公子乃载福相，他日前程，正未可量也。”

说者无心，听者有意。于夫人听后微微一笑，知道黎元洪有一女与克玖年龄相仿，就和袁世凯商量想结这门亲事。老袁正千方百计拉拢黎元洪，就请陈宧、汤化龙、阮忠枢等人做媒。黎元洪也觉得袁克玖这孩子不错，于是两家一拍即合，遂结为秦晋之好。

帝制运动发起后，黎元洪曾向袁世凯提出：“总统之号，不宜变更。莫若定总统世袭之制，为各国开一先例。”可是，大总统这个称号袁世凯已经不稀罕了。

一次，袁世凯曾问黎元洪：“近来许多人要我做皇帝，亲家，你看怎么样？”接着，又急忙表白道：“这些人当然是胡闹！”

黎元洪一本正经地说：“兹事关系极大。革命的目的是推翻专制，建立共和。亲家，如果你做了皇帝，怎么对得起武昌死难烈士？”谈到最后，两人各怀心事，不欢而散。

从此，黎元洪“闭门养疴”，对外面的事情不闻不问，不再领取副总统的薪俸和公费。

袁世凯正式称帝后，颁布的第一道敕令就是册封黎元洪为“武义亲王”，仍旧是一人之下，万人之上，可黎元洪不为所动。

在册封之前已有风声传出，黎元洪密召张国淦、饶汉祥等心腹干将商议对策。

张国淦说："以副总统立场，万无接受王位之理。"

饶汉祥则说："就名义上着想，自不能接受，就安全上着想，又不能不迁就。似不妨容忍一时，再行从长计议。"

张国淦又说："袁固枭雄，但在此时期绝不敢危害副总统，以冒天下之大不韪。如果有心危害，即令今日接受，将来仍难避免。副总统果能保存约法上名义，中外观瞻所系，比较上还能达到安全地步。况且事变尚未可知，容有转危为安之一日；即不幸危险发生，副总统为创造共和之人，与共和始终，亦自足以千古。"

饶汉祥坚持己见："如君所言，直是牺牲副总统。我并非赞成王位，但不愿副总统牺牲个人。"

大家辩论了很长时间，黎元洪对饶汉祥所说颇不以为然，心想：袁世凯称帝不得人心，许多人反对，将来必致身败名裂，我岂能趟这道浑水。如果现在保持名节，将来老袁倒台，总统的位置舍我其谁？就算老袁坐稳了皇帝，中外观瞻，也不敢把我怎样。想到此处，黎元洪最后大声说道："你们不要多说，我志已定，决不接受，即牺牲个人，亦所甘心。"

册封令颁布后，袁世凯让国务卿陆征祥率领在京文武简任以上官员，赴东厂胡同黎邸致贺。

12月15日一大早，百官蜂拥至东厂胡同。东至隆福寺，西抵皇城根，南过东安市场，北达安定门大街，人群摩肩接踵，拥挤不堪。外面这么大动静，黎元洪不得不出门应酬。

陆征祥大声说道："大总统以阁下创造民国，推翻满清，功在国家，故明令晋封为武义亲王以酬庸，特率领在京文武首领，恭谨致贺，恳即日就封，以慰全国之望。"

黎元洪回答道："大总统虽明令发表，但鄙人绝不敢领受。盖大总统以鄙人有辛亥武昌首义之勋，故优予褒封。然辛亥起义，乃全国人民公意，及无数革命志士流血奋斗，与大总统主持而成，我个人不过滥竽其间，因人成事，绝无功绩可言，断不敢冒领崇封，致生无以对国民，死无以对先烈。各位致贺，实愧不敢当。”

黎元洪说完此话，拱了拱手，转身回屋，把陆征祥等人晾在了门外。文武大员们也觉得没趣，只好纷纷离去。

下午，袁世凯又派永增军衣庄的人来到黎宅，要为黎元洪量做亲王制服。老黎坚拒不允，并说：“我非亲王，何须制服！”随后，黎元洪给袁世凯写了一道书面辞呈，大致意思与向陆征祥等人说得差不多。

第二天，政事堂用正式公文形式把“武义亲王府官制”送到黎宅，公文一面上写着“武义亲王开拆”。

黎府收文人员没注意“武义亲王”的字样，一看是政事堂公文就剪开呈送黎元洪阅示。

黎元洪见后大怒道：“我非武义亲王，岂能收受武义亲王之公文，马上退回去！”收文者弄了个大红脸，只好想方设法又换了个政事堂封页，才将此文退回。

过了几天，袁世凯还不甘心，又重新颁发了册封令，让九门提督、步军统领江朝宗带着一颗斗大的金印到黎宅宣封。

据时人刘成禺记述：“朝宗奉诏前往东厂胡同，当堂三跪九叩首，长跪不起，双手捧诏大呼：‘请王爷受封！’……元洪深居不出，朝宗亦跪地长呼不起。对抗多时，元洪大怒，由旁房疾步而出，戟手勒袖，指朝宗面大骂曰：江朝宗，你哪里这样不要脸？快快滚出去！朝宗仍挺身直跪，双手捧诏，大呼请王爷受封不止。元洪怒呼左右：赶快把江朝宗拖出去，否则连你们一齐打出！于是元洪左右劝者、扶者、慰者、挤者，一拥而江朝宗出东厂胡同堂门矣。”

此后，袁世凯又派克定携“武义亲王邸”的金字匾额来到黎家，称“遵父命给大叔道喜”。克定走后，黎即命人将牌匾丢在了马厩里。

过新年时，宾客盈门，都给“王爷”道喜，气得黎元洪直说：“你们不要骂我。”袁世凯把写有“赏武义亲王”字样的贺礼送来，并许诺再加封“副元帅”、“辅国大将军”等称号，黎元洪一概回绝。

袁世凯又派梁士怡游说，黎元洪实在没办法，指着屋内一根石柱说：“你们如再逼我，我就撞死在这里！”

黎元洪态度如此坚决，袁世凯也始料不及，只好暂时把这事儿放了下来。

二、谈风月馆

世上没有永恒的朋友，也没有永恒的敌人，只有永恒的利益。

如果说黎元洪来自湖北，不是“北洋人”，所以不赞成袁世凯做皇帝，倒也说得过去。可让人意想不到的是，北洋嫡系中的一些“大腕”也不买老袁的账。

连自家兄弟都不捧场，袁皇帝真成了“孤家寡人”。

袁世凯与他的“亲密战友”关系搞僵，归根结底还是为了一个“利”字。

一方面，北洋大将们经过多年发展，羽翼已丰，手握重权，已成尾大不掉之势。袁世凯顾虑他们功高震主，尤其担心危及子孙皇位，已渐生猜忌之心。

另一方面，袁世凯如果做了皇帝，皇位必然传给子孙。袁的“北洋袍泽”就彻底失去了掌握最高统治权的机会，“老头子”在世还则罢了，老袁“百年之后”，还要向袁的儿孙跪拜称臣，这是他们最不能容忍的。

据说，有一次过新年，冯国璋、段祺瑞等北洋老人去给袁世凯拜年，正赶上老袁的几个儿子都在。老袁急忙让儿子给叔叔们拜年，袁克文、袁克良等人急忙叩头行礼。唯独袁克定端坐不动，俨然太子爷一样。

出来后，性格耿直的段祺瑞气愤地说：“老头子倒还客气，那蹩脚大爷却架子十足，哪里拿我们当人！”

冯国璋也摇头道：“芝泉，莫说你动气，我也忍不住了。终身总统也好，皇帝也好，那还不说，便是那瘸子到难得伺候的！我们纵然是老头子培养的，也不能做上辈子的奴才，还要再瞧下一辈的颜色呀！”冯国璋和段祺瑞的想法是绝大多数北洋老人的共同心声。

先来说说徐世昌对于袁世凯称帝的态度。徐世昌就任国务卿后，秉承了“文人治国”的优良传统，尽心尽职，努力工作，没有辜负袁总统的信任，干得相当不错。

每天，徐相国黎明即起，洒扫庭除。然后，练气功，拜吕祖，用早餐。9点钟准时上班，10点到总统府与袁世凯商讨军国大事；11点回政事堂办公；下午办公、写字、作画；晚12点上床睡觉。

徐世昌任职期间，善于平衡各种势力，强调依法治国，力促社会稳定，全国政治、经济、文化等领域的状况逐渐有所好转，令人耳目一新。

起初，徐世昌在尊孔、复古等事情上与袁世凯并没有太大矛盾，并身体力行，希望以此“教化”百姓，以臻郅治。

帝制问题发起后，袁世凯态度暧昧，徐世昌则态度明朗，坚决打压。

在获悉有人上书请求改变国体的情况后，具有高度政治敏锐性的徐世昌专门主持召开政事堂会议，研究如何反对复辟邪说。袁大总统也被邀请参会，并做了重要讲话。

众目睽睽之下，袁总统大声说：“宣统满族，业已让位，果要皇帝，自属汉族，清系自明取得，便当找姓朱的，最好是明洪武后人，如寻不着，朱总长（指朱启钤）也可以嘛……”

如果不是开玩笑的话，袁总统这番话实际已经默许了帝制，并为自己当皇帝做好了铺垫。

爱新觉罗氏已是昨日黄花，老朱家也断了后，那就只有俺姓袁的能当此大任了。通过这次讲话，徐世昌已渐渐看清了袁世凯的真实想法，感到比较被动。不过，徐世昌有个绰号叫“水晶狐狸”，足以说明此人心计颇深，处事圆滑，而争取主动的机会很快就来了。

袁大总统的讲话不胫而走，帝制派们欢欣鼓舞，蠢蠢欲动。

清廷遗老劳乃宣趁机给袁世凯上书，要求“还政于清，由大清皇帝赐袁世凯世袭王爵，以酬其功……”

袁世凯看后，也觉得闹得有些过分，只好发表了一个声明：“维持共和国体，为本大总统当尽之职分。进见各省国民纷纷向代行立法院请愿改革国体，于本大总统现居之地位，似难相容，然大总统之地位，本为国民所公举，自应听之国民。”

尽管这个声明也是模棱两可，语意含糊。什么“似难相容”、“自应听之国民”等等，更是话里有话，让人浮想联翩。但是，徐世昌看到袁世凯这个声明后，决定将计就计，把握机会，主动出击。

他安排人给袁世凯写了一道呈文：“近闻有人散布论说，主张变更国体，还政清室；又闻有人具奏清帝，请恤邀恩。今民国甫建，风雨飘摇，若又倡改弦更张之议，则是自求扰乱。且清廷本以失民去位，民心断难再复，徒使反侧之徒，用其阴谋，构煽内乱，且他国利用此以收渔人之利，中国之危亡，将万劫不可复。大总统受全国人民负托之重，应请饬下内务部，将此等谬说严行查禁。”

徐世昌是袁总统千呼万唤请出来的，老袁自然不能不给“菊人大哥”的面子，于是在该呈文上批道：“交内务部查照办理。”

这本是一句敷衍之语，而徐国务卿却“兼承大总统之意”，借题发挥，严令内务部在全国范围内查禁复辟言论，并要求司法部门配合行动，侦缉顽民。

徐相国说话还是有分量的。命令一下，各省文武大员感觉风向有变，纷纷发表通电，声明反对复辟谬说，维护中华民国约法精神及共和国体。

1914年11月23日，徐世昌正式以中央政府名义发布通告，宣称：

兹复准参政院代行立法院全体以讹言萌动，骇人听闻，列举淆乱国体，离间五族，危害清室，惹起外患，酿成内乱诸大害，请照新刑律内乱罪，从重处治，如有造作谰言或著书立说以及开会集议而紊乱国宪者，照内乱罪从严治罪。

就这样，在徐世昌的高压政策下，复辟言论暂时销声匿迹。

树欲静，风不止。等到复辟浪潮再一次卷土重来时，袁世凯准备称帝的态度日益明朗，面对举国若狂的局面，徐世昌也无能为力了。

一次，袁世凯身体不适，徐世昌前去探视，“恰好”大总管袁乃宽也在场。

袁世凯叹道：“人生难免生病，生死实难预料。平心而论，我的才能虽不及古人，但当代中国并无过我之人。任总统四年之久，未能尽展我志。但如我离任而去，继任之人名虽已预先列出，但才能还在我的下面，中国未来的安危祸福，非常难以预料啊！”

袁总统对徐世昌说出了这种话，意思已经相当明显了。

徐世昌还没说话，袁乃宽突然插话：“总统有任期年限限制，不能尽展您的才能，不如更改国体。”

袁世凯也看着徐世昌，等着他表态。没想到徐相国好像没听到似的，压根儿没接这个茬。

袁总统忍不住了，直接问徐：“近来京城请愿要改国体为帝制事，相国可知道？”

徐答：“不知。”

袁世凯又问：“此等大事，总该有所闻知吧？”

徐世昌正襟危坐，说道：“知之为知之，不知为不知。”

老袁脸一红，只好搭讪着换了下一个话题。

还有一次，奕劻受袁克定所托，派儿子载振拜访徐世昌。“袁总统天与人归，应速正大统！”载振单刀直入，想给徐世昌来个措手不及。

“你们父子为何不劝进？”徐世昌笑着将了载振一车。

“我们担心见笑于宗人，因而来告诉您，希望您担当领袖责任，鼓劝总统。”

“难道我独不担心贻笑旧官僚吗？请您不要再说了。”徐世昌义正词严。载振尴尬万分，无功而返。

袁克定听载振回来一说，只好硬着头皮来见徐世昌，希望能劝说徐老伯回心转意。

徐世昌则明确告诉袁克定："帝制我不阻止，也不赞成，请诸君好自为之！"

毕竟，徐世昌和袁世凯八拜结交，关系非同一般，面子上的事还是要有的，而所谓"不赞成"其实就是反对了，能做到这点也属难得了。

也许，退一步才是最好的选择。

从1915年10月初开始，徐世昌多次上书袁世凯，请求辞职养病。"伏念世昌仰膺荣命，俾典中枢，职务纷繁，动关重要。乃值衰弱，有旷职司，五夜彷徨，莫名焦灼。惟有仰恳俯察微悃，准予续假，并迄遴选贤能，署理职务，俾及从容调理，冀可渐就康疆。"

好不容易才把"菊人大哥请出来，袁总统怎肯轻易让徐引退，于是就派杨士琦等人轮番劝说徐世昌不要辞职。可这次老徐去意已决，谁劝也没用。"

10月20日，徐世昌在日记中写道："人各有志，志为仙佛之人多则国弱，志为圣贤之人多则国治，志为帝王之人多则国乱，世之操治化教育之权者盍审诸？"

第二天，正赶上老徐60岁生日。袁总统亲临祝寿，送镀金寿星一座，银器96件。

老哥俩见面后，难免就帝制问题交换意见。徐世昌对袁世凯说："事虽勿论是非，而不可不计利害，默察时势，诚未敢期其必成，设竟废于半途，将以何术转圜？"

袁世凯不以为然地说："国中握有权力者，岂亦有反对我者乎？"

徐世昌说："陆荣廷等不必论，即相从最久之冯国璋、段祺瑞，已自有意见，故知其不易。"

袁世凯低头良久，默不作声。

徐世昌又说："举大事不可不稍留回旋余地，若使亲厚悉入局中，万一事机不顺，无人以外人资格发言为谋转圜矣，某当此时而求去，非为自身计也。”徐世昌的意思是：我这都是替你着想，万一事情不顺利，总要有个局外人替你说话吧。话都说到这个份儿上了，袁总统想留也留不住了。

26日，袁世凯批准徐世昌辞职，以陆征祥为代国务卿。

一天后，徐世昌交卸印、钥等件，无官一身轻，回到铁匠营胡同宅中，自书“谈风月馆”四个大字，悬挂于书斋，表示只谈风月，不问政治。不久，老徐举家迁回河南辉县水竹邨，以“局外人”的身份，韬光养晦，默察时局。

三、神仙老虎狗

据说，徐世昌辞职前，曾对来访的政事堂机要局长张一麐说：“国事如此不堪，太危险了。大家都说你老实，能不能再给袁总统提个醒呢？”

张先生也是袁世凯信得过的笔杆子，想了想，就爽快地答应了。

第二天，张一麐见到袁世凯，痛陈称帝之危害。

袁总统颇不耐烦，没等张先生说完，把手一挥说：“军人将不利于君，幸勿多言。”

张先生是个耿直的文人，愤然顶撞说：“如不能管束军人，假令受其拥戴，专横跋扈，为祸更甚，称帝者之结果可知矣！”

看来，袁总统显然错误地估计了形势。北洋军虽说是袁世凯一手创建的，但也不能说是他的“私人武装”，将领们对待帝制的态度也迥然不同。有些人自然抱着“大哥做了皇帝，小弟也挣个将军到手”的心态，鼓吹帝制。但有些人已经身居高位，就不这样想了。例如，北洋“三巨头”之王士珍、段祺瑞、冯国璋，三人也被称为北洋“龙、虎、狗”。

王士珍，这个人深得中庸之道，处事低调，不事张扬，袁总统对他是一百二十个放心，他对袁总统做皇帝也是睁一眼闭一眼，持无所谓的态度，“北洋之龙”这时也就算个“世外散仙”。

段祺瑞“因病”休养不久，干脆辞去了陆军总长一职，整天待在家里生闷气。

袁世凯一面让王士珍做了陆军总长，一面又派医生给段祺瑞看病，又送去银元、人参等物，又嘘寒又问暖，和气可亲，百般安慰。

老段也还算识相，表示自己之所以辞职，只是“近数年来，因吐血失眠，吁请息肩”，并没有别的意思。自己追随袁总统二十几年，知遇之恩，永不能忘，分虽部属，情逾骨肉，“以大总统知祺瑞之深，信祺瑞之坚，遇祺瑞之厚，殆无可加”。

说归说，做归做。袁世凯要当皇帝，段祺瑞不以为然，站在一旁，冷眼旁观，在接见来客时，甚至公开表明反对帝制的态度。

他口无遮拦地说：“项城帝制自为的迹象已渐显露，我当年曾发出采取共和之电，如果又拥项城登基，将何以面对国人？恐怕二十四史中，找不出这样的人物吧！所以论公，我即使死也不会参与；论私，我从此只有退休，决不多言。”

袁克定与段祺瑞素来不睦，看老段对帝制态度消极，就经常在背地里大骂段，放出狠话要对段下手。段的现任夫人张佩蘅是袁世凯的义女，听说后急忙告诉了义母于夫人。

老袁知道后立即叫来袁克定，对他说：“你姐夫对帝制有意见，他不是用兵而是用口，我听说你在外边对他有不利的行为，应赶快停止。他是我们家里的至亲，现在的事还没定，我们内部就这样，将来更不堪设想了。”

段祺瑞对此也十分清楚，他对身边的人说：“我反对帝制，只能用口不能用兵，我想袁不致对我有所不利，万一有，那我就坐以待之。”

从此，老段闭门谢客，深居简出，不问世事，整日以“手谈”消磨时光，优哉游哉。

老袁对段祺瑞的表现并不介意。毕竟，段祺瑞已失去了兵权。老袁最关心的是冯国璋的态度。

“二次革命”期间，冯国璋挥师南下，坐镇南京。后极力扩张势力范围，拥兵自重，声望日隆，雄踞东南，连袁世凯也奈何不了他。因此，袁世凯对自己要做皇帝的打算，一直瞒着冯国璋，以防不测。同时，对老冯百般笼络，恩宠有加，以获得这位举足轻重人物对帝制的支持。

有一次，冯国璋到袁府做客。袁世凯问他的三女儿管冯国璋叫什么？三女儿回答叫世哥。袁世凯说：“不是世哥，是四哥！”

冯国璋中年丧偶，一直没找到合适的夫人。袁总统看在眼里，计上心头，决定当一回“月下老”，把自家的女教师周砥介绍给了冯国璋。

周老师出身名门，能给袁总统做家教，水平自然不低，长得也挺漂亮。因此，她在择偶方面眼光特高，非“高富帅”不嫁，一来二去，快40多岁了还没出阁，成了个“剩女”老姑娘。

这回妥了。袁大总统做媒人兼娘家人，那是多大面子，何况金银首饰、珠宝玉器等陪嫁妆奁就有120多担。

正打着光棍儿的冯国璋哪有不乐意的，周老师也久仰冯上将军英名，两人一拍即合，从此过上了幸福的生活。

冯国璋的幸福生活没过多久，帝制运动初露端倪。被蒙在鼓里的冯将军，一头雾水，将信将疑，他始终认为：“袁大公子也许会这样想，而项城本人绝不至于这么笨的！”

但无风不起浪，特别是梁启超省亲归来路过南京时，与他就帝制问题交换过意见，老冯还是放心不下，准备和梁启超一起进京打探消息。

恰好，按照事先计划，袁世凯陆续将各省的将军和巡抚召到北京，表面上听取工作汇报，实际上就是询问这些地方大员对于自己称帝的态度。

1914年6月22日，冯国璋面谒袁总统。老哥俩寒暄一阵后，老冯“不见外”，开门见山地说：“外间传说大总统欲改帝制，请预为秘示，以便在地方上着手布置。”

袁世凯以为冯国璋在试探他，把脸一沉，连忙摇头道：“你我多年在一起，难道不懂得我的心事？这种谣言的由来，不外两种原因，第一，许多人都说我国骤行共和制，国人程度不够，要我多负点责任；第二，约法规定大总统有颁赏爵位之权，遂有人认为是改革国体之先声，其实满蒙藏回等族都可受爵，汉人有功于民国者岂可丧失这种权利？那些帝制谣言都是无风起浪的议论，不必理会。”冯国璋连连点头。

袁世凯又故作亲密地说：“我的心事不妨向你明说，我现在不想别的，所贵乎为皇帝者，无非为子孙计耳。我的大儿子身有残疾，二儿子想做名士，三儿子不达时务，其余则都年幼，岂能付以天下之重，何况帝王家从无善果，我即为子孙计，也不能贻害他们。”

冯国璋道：“是啊，南方人言啧啧，都是不明了总统的心迹，不过中国将来转弱为强，则天与人归的时候，大总统虽谦让为怀，恐怕推也推不掉。”

袁世凯闻言勃然变色说：“什么话？我有一个孩子在伦敦求学，我已叫他在那里购置薄产，倘有人再逼我，我就把那里做我的菟裘，从此不问国事。”

接着，袁世凯又说：“北洋军队暮气沉沉，有事时便不能用。你在南京要好好整顿，我们自己家人总当团结，保持我们的实力，你既来京，可与相国、芝泉筹划一番。”

这次谈话后，冯国璋心里踏实多了，以为凭他和袁世凯的关系，如此重大事情，袁世凯断然不会瞒着他，帝制也许不会发生。

冯在京期间，袁总统对其体贴备至，关爱异常。一次，袁世凯见早餐桌上有牛奶酪，急忙令人询问冯国璋是否起床，将这碗牛奶酪送去。说是冯上将军爱吃的，总统今早上正吃，便想起上将军，特地送来。

又一次，袁世凯午餐时见有一大碗红烧猪肘，对人说“这是华甫爱吃的”，差人告诉冯上将军等等吃饭，总统就送菜来。佐以大馒头四个，说今日午饭，知道这菜上将军爱吃，所以送来。

冯国璋在北京盘桓一个多月，对袁总统无微不至的“送温暖”行动感激涕零，觉得和老袁更亲了。

可是，他做梦也不会想到，在那次“谈心”后，袁世凯回到后边，一脸不高兴地对家人连声说：“冯华甫岂有此理，冯华甫岂有此理！”

冯国璋回到南京不久，筹安会成立，全国帝制活动日益高涨。刚开始，冯国璋还不相信，四处打听消息，直至袁的亲信们纷纷到南京游说，冯国璋这才恍然大悟，知道自己上了老袁的当，又被老袁忽悠了。

老冯恨恨不已，恼羞成怒，气得对身边的亲信说：“好啊，老头子真会做戏！我跟老头子这么多年，牺牲自己的主张，扶保他做元首，对我仍不说一句真话，他哪里还把我当做自己人？闹到结果，仍是帝制自为，传子不传贤，像这样的曹丕（指袁克定），将来如何伺候得了。”

从此，冯国璋对袁世凯相当不满。段芝贵等19个将军联名密呈，希望袁氏速正大位的时候，他公然拒绝列名，并提出：“假如真的需要改变国体，那么也应该由国务卿定稿领衔，联合京外文武长官列名陈请，提交参政院代行立法院公议，以召公正，而免参差。”

当时的国务卿是徐世昌，并不赞成帝制，冯国璋提出这么个办法，显然是有意为帝制设置障碍、增加困难。

江苏省“国民代表”选举时，冯国璋专门把南京将军公署内的官员召集起来，吩咐他们不管袁世凯是否指派他们当代表，都不能答应，也不能参加投票，自己将会以身作则。

老冯说话还是有力度的，负责该地区选举的官员着急了，他们连忙找到了江苏巡按使齐耀琳，求他去冯国璋家里，请他出来投票。

齐耀琳迫于压力只好去见冯国璋，不停地好言相劝，请冯将军一定要去投票，哪怕只是出席一下也行，不要让自己夹在中间为难。

一省之长这么低声下气地哀求，冯国璋于心不忍，到了投票那天，他只好装模作样地到会场坐了一会，并未发言。

袁世凯承认帝制后，委任冯国璋为参谋总长，并允许冯国璋在江苏将军任上“遥领”。但冯国璋还是称病推辞，甚至连将军衙门的公事也交给参谋长师景云及江宁镇守使王廷桢代为办理，自己做了甩手掌柜。

袁世凯也知道冯国璋闹情绪，很不放心，不断“赐医”、“赐药”，并派心腹蒋彦行等人到南京“探病慰问”。

有一次，冯国璋躺在病榻上握着蒋彦行的手，痛哭流涕地说：“我跟随总统一辈子，总统要怎么样就怎么样，为什么总统不把我当做自己人了？”

强将手下无弱兵。由袁世凯一手培养起来的冯国璋演技也不错。当梁启超秘密南下路过上海时，“病中”的冯国璋闻讯立即派人与梁启超联系，表示将会积极配合梁的行动。

冯国璋假戏真做，一面稳住袁世凯，一面与各派反袁力量串联，最终成为“北洋派中反对洪宪皇帝之第一中心人物”。

第八章　将军拔剑南天起

一、天高皇帝远

地处西南边疆的云南像一座喷发的火山，迸射出巨大的能量。

唐继尧主政云南后，苦心经营，实力大增。在原有清末新军的基础上，滇军已扩编为两师两旅（炮兵旅、骑兵旅）八个步兵团，大约二万余人，装备精良，弹药充足。其军官大多为留日学生或云南讲武堂出身，军事素质较高，“滇军之精锐雄武，为当时之第一流军队”。

当时，滇军将领大多参加过辛亥重九起义，有着较强的民主共和思想，团长以上的代表人物有：罗佩金、赵又新、黄毓成、叶荃、董鸿励、邓泰中、杨蓁等人。

帝制运动兴起后，云南全省哗然，街头巷尾众说纷纭。“空气之紧张，远甚于辛亥之光复”。

滇军将领们更是义愤填膺，多次秘密集会，交换对时局的看法，商讨反袁之策。大家一致表示反对帝制，认为：“吾辈以无量数黑铁赤血换来之民国，兹一旦为彼独夫夺而私之，是可忍孰不可忍！愿与天下英雄歼此国贼！”他们决定先从云南入手，制造声势，“以耸人听”。

选择什么时机起事呢？

军官们的设想是这样的：中部各省中，有一省可望响应时；黔、桂、川三省中，有一省可望响应时；海外华侨，或民党接济饷糈时；如以上三项有一项实现，即可发动起义。若三项时机均归无效，而又时机紧迫时，则本省为争国民人格计，亦孤注一掷，宣告独立，拥护共和。

在一次秘密会议上，罗佩金又提出了具体的作战方案："以滇军一、二两师编为一军，军分为三个梯团，借剿匪为名，将第一梯团运动至四川叙州附近，第二梯团运动至泸州附近，第三梯团运动至重庆方面。出其不意，一举而占叙、泸、渝。三镇既克，四川既全在掌握，然后宣布云南独立，反对帝制。另遣第三师帮助贵州独立，出师湖南沅晃，谋会师武汉。并决定唐（继尧）坐镇滇中，而罗佩金为第一军军长，殷承瓛为参谋长，出川。又以邓泰中为第一梯团第一支队长，杨蓁为第二支队长，假名开往镇雄剿匪，先行往川边移动。俱于十二月八、九、十日自云南开拔。"

这样一来，掌握云南军政大权的都督唐继尧的态度就尤为重要。首先要争取唐都督的支持，实在不行再采取强硬措施，先礼后兵。为此，他们商定：

一、于适当时期，要求唐氏表示态度；

二、如唐氏反对帝制，则仍拥其为领袖；

三、如唐中立，则将彼送往安南；

四、如赞成帝制，则杀之，拥罗佩金为领袖。

罗佩金是日本士官学校高材生，学成回国后任云南陆军小学总办、75标标统等职，是云南辛亥光复的骨干人物。后任云南军政部长、卫戍司令、陆军师长、民政长等要职，论资历和威望并不在唐继尧、蔡锷之下。

1913年10月，蔡锷入京前保荐贵州都督唐继尧回滇接任滇督一职。

在帝制运动中，唐继尧好汉不吃眼前亏，跟着段芝贵等人联名劝进，被袁皇帝封为一等侯，每月另加津贴三万元。唐都督冲北磕头，谢主隆恩，感激涕零，能不能死心塌地跟袁走呢？

现在，滇军将领们摩拳擦掌，跃跃欲试，而唐都督到底是咋想的呢？

起初，唐都督也是左右为难，犹豫不定。

一方面，袁总统赏官鬻爵，不仅晋封自己为开武将军、一等毅勇侯，其他官员均升一级，又自十月起加给滇军饷银30万元，按月由中央拨付。况且，“袁世凯拥有全国，兵多将广，粮饷充足，凭借中央政府，发号施令，云南一个边省，地瘠民贫，力量悬殊”，以滇军两万之众对付数十万的北洋军，无异于以卵击石。袁世凯还让陈宧率伍祥桢、冯玉祥、李炳之三个北洋劲旅进入四川，又派曹锟的第三师驻扎湖南岳阳，王占元的第二师集中武昌，已对云南形成夹击之势，一旦起事失败，后果不堪设想。

再者，袁世凯在云南遍布眼线，特务暗探多如牛毛，比如滇军第一师师长张子贞、参谋长路孝忱都是亲袁派，有个风吹草动，北京当局随时都会知道。就在不久前，袁世凯以“授勋”为名，派其亲信钱国华来到昆明。在欢迎宴会上，滇军二师师长沈汪度说了几句关于帝制的牢骚话，结果一夜暴亡，死得不清不楚。

另一方面，曾任云南讲武堂教官的国民党人李烈钧以及方声涛、熊克武等人已到达昆明，利用广泛的人际关系开展倒袁活动。滇军中下级军官情绪激烈，屡次进言，请求起兵反袁，并多次秘密集会，如果不表明态度，“必致激生内变无疑”，弄不好部队哗变，自己更是九死一生。还有，北洋内部也不是铁板一块，统兵大将们各怀心事，听说冯国璋已放出“滇发难，当继踵而起”的话来。可见，袁氏称帝不得人心，必将招致群起反对，如果再联络几省响应，大事未必不可成矣。

思前想后，反复掂量，唐继尧最后打定主意，率众起事，举兵反袁。

此前，唐继尧也做了较为充分的准备。

首先，招兵买马。整编现有部队，开展练兵活动，扩大军校招生数量，云南陆军讲武学校增开班次，选录一般中等学校及高等巡警学校的学生志愿者入校受训，培养基层军官，提高士官军事素质；招募退伍老兵，复选赋闲军官，同时在昆明设立征兵事务所，从各县农村征募了大批青壮年农民入伍，新编20个步兵团，炮兵和骑兵各一团，警卫军两团，滇军的总数达到步兵28个团，炮兵和骑兵各两团，警卫军4个团，共计36个团，总兵力增加了两倍以上。

其次，准备军械。兵工厂加班加点地制造枪炮弹药，修整废旧枪械；收集各地枪械，节省备用；派人赶赴日本，购置新枪新炮，急运回滇。

第三，开源节流。整顿财政税收，节约开支，储备资金；清理实业公司股款，保留铁路存款，开展社会募捐；派员到南洋各地征集款项，以备军费。

与此同时，重点联合各派力量，形成反袁统一战线。

唐继尧知道，以西南一隅的实力根本无法与掌握全国政权的袁世凯抗衡。从北洋系内部激化矛盾，建立最广泛的反袁统一战线是非常重要的。因此，他分别给孙中山、陈其美、陆荣廷、梁启超、冯国璋等人写信，派专人经香港送到上海和南京等地。又派亲信赴川桂湘及苏沪等地活动，以“促成各党各派乃至海外名流耆彦，通力合作，一致讨袁”。

争取冯国璋是重中之重。冯国璋对帝制意见很大，正和老袁闹别扭，冯国璋又曾是进步党理事，与梁启超、孙洪伊等人关系很好。现在冯国璋掌控东南半壁江山，争取他共同讨袁，“不啻为护国义师凭添十万大军”。

为此，唐继尧派人带着自己的亲笔信速赴南京，面见冯国璋，晓之以理，动之以情，许诺倒袁成功后，推举冯国璋为副总统，取得了不错的效果。

就在唐继尧积极备战的时候，蔡锷来了。12月中旬，蔡锷一行乘船经上海、香港等地到达海防，距云南只有一步之遥。

袁世凯坐不住了，急忙密电蒙自关道尹周沆、阿迷（今开远）县知事张一鲲等人，严令“防止蔡入滇异动，务须跟踪谋杀；若已入滇境，须沿铁路侦查捕杀”。

见袁总统已经翻脸，杀机毕露，周、张二人不敢怠慢，多次开会部署阻杀蔡锷的行动，他们准备了两套刺杀方案：

其一，当蔡锷乘滇越铁路火车进入滇境后，借登车欢迎之机，实施暗杀；

其二，如登车刺杀未遂，则佯为设宴欢迎，实则用毒酒鸩杀。

不料，袁世凯的密电被唐继尧截获。

为确保蔡锷安全抵滇，唐继尧电请河内总督于蔡进入越南时，加以保护。又派其弟唐继虞率警卫两连乘火车赴河内，接应蔡锷入滇。同时，电令驻蒙自第二师刘祖武部急驰碧色寨、阿迷等地，加强戒备，以防万一。

12月18日，在唐继虞及河内总督所派宪兵的护卫下，蔡锷的专车抵达碧色寨车站。

周沆按照计划，亲自在站台迎候，并摆了几十桌酒席，有数十个身材高大农民装束的人，暗带手枪和匕首混迹其间，并有军警数百人列队其后，准备在蔡锷下车赴宴时下手。

见此情景，蔡锷让唐继虞派人向周沆递上名片，说自己身体不适，不能下车赴宴，您的好意心领啦。

周沆见一计不成，又指使一伙“乡民代表”围住车厢，请求面见蔡锷，打算趁乱行刺。随车的警戒部队早有准备，十步一岗，五步一哨，“代表”们见无机可乘，只好散去。

周道尹的行刺计划宣告破产，急忙将有关情况告知张一鲲。坐镇阿迷的张“知事”知道事情不妙，但也只能硬着头皮按计划行事。

当晚，蔡锷一行抵阿迷站时，张一鲲在洋酒店摆下宴席，苦等良久。但蔡锷等人一直不见踪影，又见专列戒备森严，如临大敌，暗杀已无可能，老张只好溜之大吉。

从11月11日离开北京起，蔡锷拖着病体，“定策于恶网四布之中，冒险于海天万里以外”，历尽千辛万般苦，终于在12月19日，胜利到达昆明城。

昆明城沸腾了。

蔡锷回滇的消息不胫而走，民众欢呼雀跃，奔走相告，各派反袁力量也汇聚昆明。就此，以云南为中心的讨袁护国运动拉开了序幕。

二、圣诞礼物

蔡锷到达昆明当日，唐继尧在五华山都督府举办了盛大的宴会，给蔡将军等人接风洗尘。

宴会开始前，唐继尧召集了少校以上军官开会，说明蔡锷的来意，号召共同反袁，征求大家意见。

这时，一个团长站起来说："云南一省，反抗袁的全国力量，譬如以卵击石，请两位将军多多考虑。"

唐继尧望了蔡锷一眼，蔡锷发言说："清朝几百年的帝制，我们云南才一旅人，响应武昌起义就把它推倒了。袁世凯算什么力量？你们要知道，我们的力量是活的，越来越大；袁世凯的力量是死的，不但不会发展，而且只会越来越小。我不是空谈理论，而是根据人心，全国反对帝制十之八九。希望大家把军队掌握好，我与唐将军有稳妥办法，反对复辟，一定成功！"

唐继尧接着问："你们听见蔡将军的话没有？"

大家齐声答道："听见了！"

唐继尧又问："你们赞成不赞成？"

大家全体起立，高呼赞成，欢声如雷。

随后，戴戡将梁启超所拟的讨袁通电稿拿出来念了一遍，大家也齐声叫好。就在这时，袁世凯连续给唐继尧发出两道电令：

据探报，有乱党要人入滇煽乱，情形颇显，……准唐继尧全权便宜处置。无论何人，但有谋乱行为，立置于法，事后报明，毋庸先行请示。

蔡锷、戴戡，偕同乱党入滇谋乱，应请严密查防。

看来，昆明的情况已被北京方面全盘掌握，袁世凯随时可能先发制人，形势急转直下。恰在这时，梁启超通过南京江苏将军府给蔡锷等人发来的急电到了。

就在蔡锷抵达昆明的前一天，梁启超以赴美就医为由从天津到达上海。为了避免袁世凯的注意和监视，临行前，他还是上呈说是要“赴美养病”，署名“参政院参政”，并于年月日下写着“中华洪宪元年一月十七日”。

梁启超到上海主要有两个目的：一是联系各派反袁力量，“推诚结纳”，商讨护国反帝等重大问题；二是劝说冯国璋从南京发难，响应西南，共同讨袁。

随后，汤化龙、汤觉顿、徐佛苏、蓝公武等进步党人士“皆翩然下野，随梁启超密行赴沪”，加上在沪的国民党人，上海俨然成为了护国讨袁的政治、外交及后勤中心。

梁启超在上海住了两个多月，躲在静安寺路的寓所里，受到袁党严密监视，“侦探暗杀密布寓侧”，“此间之危险，又过于天津，大约惟有一步不出，一杂客不见”，“每日由远邻送饭二次来，每日茶水之珍贵视若甘露”。

就在这种环境中，梁先生不顾个人安危，谋划指导护国讨袁的重大事项，起草了大量文电、通告，政治、经济、军事、外交等方面无一不涉，运筹帷幄之中，决胜千里之外，成为各派反袁力量的“大主脑”和“主心骨”。

梁启超在给云南蔡锷等人的电文中，称“由于外交上的某种原因”，事不宜迟，迟则生变，云南方面应及早发出讨袁通电，务必提前起义。

所谓“外交上的某种原因”是指袁世凯准备让周自齐作为特使，以向日本天皇赠勋为名，游说日本政府支持袁世凯称帝。

梁启超发出电文的形式非常巧妙，他找到在江苏将军府做幕僚的老朋友，让他以将军府的名义代发电报。这样，给人的感觉是远在南京的冯国璋已经决定反袁，并准备积极响应云南的起义。

梁先生一言九鼎，蔡锷、唐继尧自然言听计从。他们认为，面对这种形势，原先制定的待军事行动取得进展后，再宣布独立的计划已不合时宜。因此，蔡锷、唐继尧决定提前宣布云南独立。

12月22日深夜，蔡锷、唐继尧在将军行署光复楼主持紧急会议，研究部署讨袁起义大计。

参加会议的各派反袁人士有：欧事研究会的李烈钧、熊克武、方声涛等人；进步党的戴戡、但懋辛、王伯群、任可澄等人；滇军主要将领罗佩金、顾品珍、殷承瓛、杨蓁、唐继虞等人。

与会者从关帝庙请来关公牌位，会场里红烛高烧，香烟缭绕。

蔡锷发言说："我们与其屈膝而生，毋宁断头而死，我们所争者不是个人的权力地位，而是四万万同胞的人格。"

在庄重严肃的氛围中，唐、蔡二人带领大家宣读誓词："拥护共和，我辈之责，兴师起义，誓灭国贼，成败利钝，与间休戚，万苦千难，舍命不渝，凡我同仁，坚持定力，有渝此盟，神明必殛。"

发誓后，每人用丝线缠绕拇指，用针刺出鲜血滴进盛满酒的玉樽，分成小杯共举而饮，以示决心，矢志不渝。

大家一致认为"宣布起义日期不可再缓"，但还是决定"先礼后兵"，先致电袁世凯，晓以利害，劝其认清形势，取消帝制。如果袁世凯一意孤行，再宣布云南独立，起兵讨之。

23日，以开武将军督理云南军务唐继尧、云南巡按使任可澄的名义，给袁世凯发出了"漾电"：

自国体问题发生，群情惶骇。重以列强干涉，民气益复骚然。佥谓：谁实召戎，致此奇辱？外侮之袭，责有所归！乃闻顷犹筹备大典，日不暇给。内拂舆情，外贻口实，祸机所酝，良可寒心。窃惟我大总统两次即位宣言，皆言恪遵约法，拥护共和，皇天后土，实闻斯言，亿兆铭心，万邦倾耳。礼曰：与国人交，止于信；又曰：民无信不立。食言背誓，何以御民？纲纪不张本实先拔，以此图治，非所敢闻。计自停止国会，改正约法以来，大权集于一人，凡百设施，无不如意。凭借此势，以改良政治，巩固国基，草偃风从，何惧不给，有何不得已而必冒犯叛逆之罪，以图变更国体？比者，吏民劝进，代表决议，拥护之诚，虽若一致，然利诱威迫，非出本心；作伪心劳，昭然共见。故全国人民痛心切齿，皆谓变更国体之原动力，实发自京师，其祸首之人，皆大总统之股肱心膂。盖杨度等所倡之筹安会煽动于前，而段芝贵等所发各省之通电促成于继，大总统知而不罪，民惑实滋。查三年十一月二十四日申令有云：民主共和，载在约法；邪说惑众，厥有常刑。嗣后如有造作谰言紊乱国宪，即照内乱罪从严惩办，等语。杨度等之公然集会，朱启钤等之秘密电商，皆为内乱重要罪犯，证据凿然。应请大总统查照前项申令，立将杨度、孙毓筠、严复、刘师培、李燮和、胡瑛、段芝贵、朱启钤、周自齐，梁士怡、张镇芳、雷震春、袁乃宽等，即日明正典刑，以谢天下，涣发明誓，拥护共和。则大总统爱国守法之诚，庶可为中外所信，而民怨可稍塞，国本可稍定矣。尧等夙承爱待，忝列司存，既怀同舟共济之诚，复念爱人以德之义，用敢披沥肝胆，敬效忠告。伏望我大总统改过不吝，转危为安，民国前途，实为幸甚。再者，此间军民痛愤久积，非得有中央永除帝制之实据，万难镇劝。以上所请，乞于二十五日上午十点钟以前赐答。临电涕零，不知所云，谨率三军，翘企待命。

这封电报对袁大总统还算客气，话没有说绝，但字里行间杀气腾腾，尤其是提出了要将“帝制十三太保”明正典刑，实际上就是一份“最后通牒”。

袁世凯阅电后鼻子都气歪了，自然不能买账，别说“二十五”了，就是“二十八”，也不会“赐答”的。

他一面请英国公使朱尔典致电云南领事劝说唐、任收回“漾电”，一面令政事堂回电云南，列举唐继尧以前劝进的电文，自欺欺人地说什么

“事隔三日，背驰万里。本堂不信贵处有此极端反复之电，想系他人捏造云云……”又故伎重演，许诺封唐继尧为亲王，并汇款3万元作为犒赏，希望有转圜余地。后见事不可挽，才下令褫夺蔡锷、唐继尧等人官职，并夺去爵位勋章，听候查办。又加张子贞将军衔，暂代督理云南军务；加刘祖武少卿衔，代理云南巡按使，借此离间二人与护国军的关系。但张、刘二人置之不理，依旧参加了讨袁护国运动。

箭在弦上，不得不发。

25日，唐继尧、任可澄、蔡锷、戴勘、李烈钧等5人联名向全国发出通电，宣布云南独立，号召各省响应。

天祸中国，元首谋逆，蔑弃约法，背食誓言，拂逆舆情，自为帝制。卒召外侮，警告迭来，干涉之形既成，保护之局将定。继尧等忝列司存，与国休戚。不忍艰难缔造之邦，从此沦胥。更惧绳继神明之胄，夷为皂圉。连日致电袁氏，劝戢野心，更求惩治罪魁，以谢天下。所有原电，迭经通告，想承鉴察。何图彼昏，曾不悔祸，狡拒忠告，益煽逆谋。夫总统者，民国之总统也；凡百官守，皆民国之官守也。既为背叛民国之罪人，当然丧失总统之资格。继尧等深受国恩，义不从贼。今已严拒伪命，奠定滇黔诸地，为国婴守，即日宣布独立，并檄四方，声罪致讨。

25日中午，昆明城张灯结彩，鞭炮齐鸣，昆明各界举行誓师大会。

原将军府改为都督府，各校学生手持“拥护共和，声讨叛逆”的标语分立府门两侧，军民人等默然肃立。

军乐过后，蔡锷、唐继尧分别发表演说，士绅代表先后发言。会场群情激昂，大家高呼“中华民国万岁！共和军万岁！云南政府万岁！”声震九霄，经久不息。

下午，举行全市游行等盛大活动，民众高呼打到袁逆，拥护共和口号，至夜乃息。

12月25日是西方的“圣诞节”，距袁世凯登基日的“洪宪”元旦已指日可数。此时此刻，蔡锷和唐继尧给袁大总统送上这份“圣诞礼物”，完全打乱了袁世凯的称帝计划，给他的“皇帝梦”浇了一盆冷水，使其在政治上陷入了极大被动。

但是，由于云南提前宣布独立，护国军没能出奇制胜，反倒给了袁世凯进行军事准备的时间，对护国军出滇作战带来了不利影响。正如蔡锷所说：“宣布过迟，固有妨大局。宜布早，殊于军事计划大受影响。”

但不管怎样，云南通电独立，宣告伟大的讨袁护国战争开始了。

三、为共和而战

云南宣布独立后，军政权力如何分配的问题亟待解决。

蔡锷是前云南都督，唐继尧原是其部下，如何处理好二人关系事关反帝护国成败，非常重要。

为此，大家经反复研究后，决定由蔡锷和唐继尧分别负责军事和行政。一人主内，一人主外，“以出征及留守改组内部，分为两事，出征者将滇中精锐，尽行带出，留守者改组为都督府。蔡、唐两公各任其一”。

谁出征，谁留守呢，蔡锷、唐继尧都做了一番谦让。

唐继尧表示：蔡锷是自己的“老领导”，奔波万里，身体不好，应该在云南留守。

蔡锷对唐表示：“外面情形我比你熟，我的号召力比你大，当然由我出去作战，你坐镇。”

在“反复辩论不已，情词诚挚至于泣下”的情况下，最后决定：蔡锷为总司令率兵出征，唐继尧为都督留守云南。二人地位平等，“公事彼此均咨文。关于停战、议和等事，须得内外同意”。

为了进一步明晰唐、蔡职权，避免不必要的误会，又制订了《中华民国滇黔军都督府与护国第一军总司令之规约》，规定如下：

袁贼肆逆，背叛民国，本军义不从贼，决计就滇、黔两省兴师举义，互相提挈，拥护共和，铲除帝制。兹先行编制护国第一军，公推总司令一人统率全军，专任由川进攻事宜。所有滇、黔都督暨总司令，各有职责，特定规约，以资遵守。

一、关于滇、黔各本省军民一切事件，滇、黔都督自主之。

二、关于配置军队，筹备饷糈，滇、黔都督会同第一军总司令主之。

三、关于军队进行作战计划，第一军总司令主之，仍随时知照滇、黔都督，以期联贯。

四、关于大局及对外事件，彼此商定后，由滇、黔都督领衔行之。

云南都督府成立后，为制造声势，扩大影响，争取更多的省份参加到反袁护国的行列中来，由唐继尧、蔡锷领衔，发出了一系列讨袁檄文和声明文告，历数袁世凯累累罪行，宣布护国军政府内政外交的主张：

一、与全国民戮力拥护共和国体，使帝制永不发生。

二、划定中央、地方权限，图各省民力之自由发展。

三、建设名实相副之立宪政治，以适应世界大势。

四、以诚意巩固邦交，增进国际团体上之资格。

同时，护国军政府又宣布了四条宗旨：

一、同人职责，惟在讨袁。天祚吾民，幸克有济，举凡建设之事，当让贤能，以明初志，个人权利思想，悉予伊除。

二、地无分南北，省无论甲乙，同此领土，同是国民。惟当量材程功，通力合作，决不参与地域观念，自启纷裂。

三、倒袁救国，心理大同，但能助我张目，便当引为同志。所有从前党派意见，当然消融，绝无偏倚。

四、五大民族，同此共和，袁氏得罪民国，已成五族公敌。万众一心，更无何等种族界限。

列强对于护国军政府的态度十分重要。为此，都督府又宣布了五条照会，希望获得各国的支持：

一、帝制问题发生以前，民国政府及前清政府以前与各国所订结之条约，均继续有效；赔款及借债，均仍旧担认。

二、本都督势力范围内居留之各国人民，其生命财产，力任保护。

三、自帝制问题发生以后，袁世凯及其政府与各国所订结之条约、契约及借款等项，民国概不承认。

四、各国如有助袁政府以战时禁制品者，查出概行没收。

五、各国官商人民有赞助袁政府，为妨害本都督之行为时，即反对之。

万事俱备，只待出征。

关于“护国军”一名的由来，众说纷纭。据说有人曾提出叫“共和军”或“讨逆军”，冯国璋不同意“讨逆军”一说，后来首义者在“共和军”和“护国军”两名选其一而为“护国军”。

此前，唐继尧、蔡锷等起义将领们就护国军的行动战略进行了反复磋商。唐继尧等人制订了三种方案。

方案一：“以云南为根本，奋师东征。以一支由辰沅迳新化，取长沙；以一支由辰沅下沅水，取常德。长沙取，北向岳州，踰洞庭之险，以有武昌。常德取，北扼虎渡，规荆州以指襄阳。有武昌，则长江之消息通；有襄阳，则中原之消息通。不出旬月，东南大势，远属云南矣。此上策也。”

方案二：“云南之险不在云南，而在西蜀。以云南为根本，大举东上，以一支出叙泸，进渝夔，下宜昌、武汉；以一支出宁远，过成都，上岷洮，趋秦陇。如是则以西南而忽踞西北，天下视听，必且一新……此亦上策也。”

方案三：“由云南展旆而东，驻师梧州，以一支东下广州，……北出则可以震动江左，东出则可以进据闽浙。以一支由梧州向桂林，踰衡永，浮湘直下，长岳既得，武汉震惊。此中策也。”

对于唐继尧等人提出的“两策并用，三路出师”的作战方案，蔡锷认为兵力分散，战线过长，不如集中护国军主力北上四川，“趁北方援军未抵川黔以前，速与作战，一举破之”。

此外，李烈钧认为“东南各省，民精物华，外海交通形势便利，富庶可用，甲于全国”，主张进军两广，“力争胜着”。

由于提前宣布独立，时间紧迫，起义领导人没有时间研究不同主张的利弊得失，只好采取折中主义，决定兵分三路，向四川、广西等地进军。

滇军主力改编为护国第一军，蔡锷为第一军总司令，进军四川，分取叙泸、重庆；李烈钧为护国第二军总司令，兵出两广，直趋南宁；唐继尧兼任护国第三军总司令，留守后方，策应前线。

护国第一军司令部设在在昆明八省会馆，罗佩金为总参谋长，下设参谋、副官、秘书、军需、军械、军法、军医、财务等8个部门，另辖炮兵大队、警卫大队、骑兵连等直属部队。

护国第一军由三个梯团（相当于旅）组成，每梯团辖两个支队（相当于团），总兵力约为7000人。

刘云峰为第一梯团长，邓泰中、杨蓁为第一、二支队长。

赵又新为第二梯团长，董鸿勋、何海清为第三、四支队长。

顾品珍为第三梯团长，禄国藩、朱德为第五、六支队长。

其中，第一、二、三支队，由滇军三个主力团编成，每个支队辖两个步兵营，并配备一个炮兵连和一个机枪连。炮兵连装备克虏伯山炮4门，机枪连配有重机枪4挺。

和上述三个精锐的支队相比，其他支队就略逊一筹，士兵大都刚刚入伍，装备基本是旧式的九子枪。

护国第二军由李烈钧为总司令，下辖三个梯团，基本由新兵组成。其中，张开儒为第一梯团长，钱开甲、盛荣超为第一、二支队长。方声涛为第二梯团长，黄永社、马为麟为第三、四支队长。

1916年元旦，唐继尧、蔡锷率领护国军在昆明举行誓师大会，庄严宣布：

袁世凯，谋叛民国，复兴帝制，本都服役民国，坐镇滇疆，痛国家之将沉，恨独夫之不翦。爰举义旅，恭行天罚……

1月10日，昆明城张灯结彩，热闹非凡。书写着“再造神州”的五色旗迎风招展，不少住户大门两侧贴着“立马华山推翻帝制，挥戈燕地拥护共和”的对联。

春城人民箪食壶浆，沿街欢送护国军第一军出征四川。护国军将士满怀豪情，斗志昂扬，奔赴保卫共和的战场。

第九章　护国军鏖战川南

一、飞将军从天降

护国战争的主要战役是在叙府（今宜宾）、泸州和纳溪一带进行的。叙府是四川的南大门，护国首役就在这里打响。

12月上旬，护国军第1梯团长刘云峰率部作为左翼军，以剿匪为名先期出发，出云南昭通，进攻四川叙州府。

大约在10个月前，袁世凯命参谋次长陈宧会办四川军务，率第4、13、16混成旅入川。不久，袁世凯调四川都督胡景伊入京，授陈宧为成武将军，督理四川军务。

川军原有5个师，5师师长熊克武于1913年8月在重庆起兵讨袁，很快失败。第2、3师官兵同情熊克武，陈宧将这两个师缩编为第1、2混成旅。第1师原有2个旅，陈宧将其压缩为1个旅，周骏为师长，熊祥生为旅长。第4师改称第2师，5个团合编为1个旅，刘存厚（字积之）为师长，雷飚为旅长。

四川讨袁军失败后，余部仍坚持斗争。陈宧以区为单位，分兵清剿。第4混成旅旅长伍祥祯为川西区清乡总司令，司令部设在成都；第16混成旅旅长冯玉祥为川北区清乡总司令，司令部设在绵阳；周骏为川东区清乡总司令，司令部设在重庆；刘存厚为川南区清乡总司令，司令部设在泸州。

刘存厚是四川简阳人，与唐继尧是日本士官学校同学，曾任云南讲武堂战术教官，也是蔡锷的部下，参加了辛亥“重九起义”。

1911年11月，滇军派遣援川军北上，刘存厚为总参议（请参看《1911：大清国是怎么没的》）。援川军返滇后，刘存厚留在川军任职。

刘存厚脑子活，常说：“一个龙门子养不活一个讨口子，下棋要多走闲着。”陈宧对刘存厚不放心，只让其带1个团去川南，余部调往川西。

雷飚原为云南新军第37协管带，是蔡锷的老部下。蔡锷曾于1915年12月21日致电雷飚：“望与积之师长速作准备，相机因应。不揣刘、周两师于滇、黔之师未抵川境以前，能独力发动否？如虑难支，不妨稍待。”

雷飚接到老首长的电报后，就与刘存厚、成武将军署总参议刘一清密商。作为地方实力派，刘存厚对“外来户”陈宧早有惧恨之心，答应联系周骏等军官反袁。

护国战争开始后，拥有25万北洋军的袁世凯在新华宫丰泽园设立了“征滇临时军务处”，亲自主持对护国军的用兵行动，调兵遣将，宣称“云南将军唐继尧，巡按使任可澄等，拥兵谋乱……立予宣布罪状，克日出兵致讨”。

袁世凯认为：1913年那场大战，国民党占有东南半壁江山，只经过一个多月就被北洋军打垮。这次云南仅一隅之地，扫平叛乱，不足为患。

12月31日，袁世凯发布讨伐令：马继增为第一路司令，督率第6师及第5旅等由湖南经贵州向云南进发；张敬尧为第二路军司令，督率第7师及第6旅等由四川向云南进发；广东第一师师长龙觐光为临武将军兼“云南查办使”，率领粤军从广西进攻云南。特派虎威将军、北洋军第3师师长曹锟为川湘两路征滇军总司令，限半年之内平定云南。

1916年1月上旬，袁世凯致电陈宧：任命伍祥祯为“川南镇守使”，率部向叙府开进。同时命令冯玉祥旅集结内江，向泸州一带警戒布防；又命周骏部进驻泸州，刘存厚部则移驻永宁（今叙永），扼守古蔺雪山关。

同时，令曹锟率部驻守湖南岳州（今岳阳），沿长江西进。

为了稳住川军，让四川实力派能为他卖命，袁世凯封周骏、刘存厚为二等男爵，高官厚禄，百般笼络，许诺“如能在川南守到曹锟部队来援，即予该师奖金四十万”。

这话傻子才信呢，北洋军主力一到，2师就得被缴械。刘存厚请周骏封锁三峡，阻止北洋军主力入川。

周骏是个出卖朋友的老手（请参看《1913：选票与子弹》），想都没想，就致电北京政府告密，邀功请赏。刘存厚反应也够快的，见势不妙，率部躲到纳溪。

川滇边境，山高路窄，地形险要。护国军第1梯团经过25天的艰苦行军，始到达川边。

1916年1月18日，护国第1梯团与北洋第4混成旅1个团在金沙江南岸交火，打响了护国战争第一枪。

护国军将敌击退，随即向安边挺进。安边东距叙府22公里，是由金沙江进入叙府的水陆要冲。安边街背山面水，形势险要，易守难攻。伍祥祯旅以其主力配置在安边东、西、北三面的山坡和市街上，严密封锁金沙江渡口附近江面和陆路交通。

护国军第1梯团约2000余人，如果强渡金沙江攻取安边，无异于以卵击石，成功的可能性微乎其微。

梯团长刘云峰和支队长邓泰中、杨蓁等人，认真分析了双方的力量对比和战场形势，决定采用远道迂回的战术。以第1支队在安边对岸佯攻，给敌造成强渡金沙江的错觉；以第2支队西渡横江，绕道至安边以西金沙江上游，渡过金沙江从背面奇袭安边。

1月19日清晨，杨蓁率领第2支队西渡横江，以工兵营为先导，忍饥耐寒，披星戴月，在崎岖险峻的山道上昼夜行军百余里，越过了横江和金沙江汇合口的三角地带，用小船和竹筏巧渡金沙江，顺江而下，于深夜秘密抵达安边。

趁着夜幕的掩护，杨蓁率领一队士兵，首先冲进街头，用数挺机枪向敌人阵地扫射，又一顿刺刀乱戳，安边守军猝不及防，腹背受敌，慌了手脚。营长戴鸿智及士兵多人被打死，顿时溃不成军，纷纷抱头鼠窜。

20日，第1梯团2支队占领安边。该支队2营营长金汉鼎回忆："敌军伍祥祯旅据险扼守，机炮齐发，烟尘蔽天，黄土飞扬。只见我军攀登峭壁悬岩，俯击敌人，越过一山又一山，超过一岭又一岭。敌军层层设防，只是处处挨打，惊为飞将军从天而降。"

伍祥祯部渐渐不支，趁夜幕撤退，但不断遭到护国军勇猛冲杀。伍旅士兵不熟地形，在长满茅草的荒野中摸索逃跑，全旅溃散，枪械遗弃满地都是。

据说，伍祥祯接受任务时，曾对刘一清等人表示说："我是云南人，我祖宗的坟墓都在云南。大总统做得好好的，忽然又要做皇帝，叫我去打云南，我的良心放不下去。"有这种想法，硬着头皮出战，能不打败仗吗?

21日晨，护国军宜将剩勇追穷寇，乘势向叙府方向猛追敌军。兵败如山倒，伍祥祯部已在安边吓破了胆，毫无斗志，弃城而逃。

据冯玉祥记载："我带队伍出泸州才不过十多里，就看见漫山遍野尽是败退下来的溃兵，果然是伍祥桢的队伍，在叙府接触后溃退下来了。官们身上穿的已不是绸缎，而是本地老百姓的破旧衣服。虽然狼狈不堪，还坐着轿子，有的是老百姓抬着，有的教兵们抬着，一点没有平日的官架子。士兵们穿着一身又破又脏的衣裤，有的光头赤脚，连纽扣也没扣上，有的腰上束一条皮带，有的背着枪，却没有一粒子弹。伤兵瘸着腿，挂着胳膊，无人过问。官是官派，兵是骂派，一路走着，一路不停口地狠骂他们的官长：'他妈的舅子，吃是你们吃，喝是你们喝，捞钱玩儿乐全是你们的，到了今天还是要摆官架子，不顾我们死活！'又因伍祥祯是云南人，而他的兵则全是北方人，故骂他们旅长有意带他来送命。嘈嘈杂杂地骂着，大家你推我挤，踉跄地奔跑。这情形已经没有半点‘爷爷兵’的样子，倒成了真正的‘孙子兵’了。……第四混成旅的败溃，主要的原因就是平素缺乏教育，官长荒唐，士兵恣纵，彼此之间生活又悬殊太甚，自上至下，离心离德，一片骄矜浮华的风气。作战之先原已注定了失败的前途。今天所见的结果，一点都不是意外的。”

就这样，护国军几乎没遇到像样的抵抗，就兵不血刃占领了叙州府。

22日上午10时，在各界群众代表的欢迎声中，护国第1军第1梯团浩浩荡荡地开进了叙府城，护国军出师讨袁首战告捷。

消息传出，举国震惊。

据当时《民国日报》刊载的《成都近讯》称：“叙府一战，北军大败，死一千人一语，街谈巷议，莫不欣欣然有喜色。民军大占优势之说，为一般所公认。且阖城人民，无不表欢迎态度也。”

二、朱德一战成名

叙府失守后，袁世凯恼羞成怒，急命陈宧夺回叙府。

陈宧不敢怠慢，连忙做出部署：冯玉祥的第16混成旅由泸州出发，从东面进攻叙府；第4混成旅余部由自流井（今自贡）出发，从北面进攻叙府；北洋军一部、汉军（地方治安军）8个营沿岷江而下，从西面进攻叙府。

此时，冯玉祥的内心比较复杂。

2团团长张之江认为：“一方面，在他苦下工夫练兵以来部队还未正式作战，这将经过实际考验，看到部队确定有很强的战斗力，且能指挥得意，颇有自得之意；另一方面，又不愿做无谓的牺牲。”

1911年，冯玉祥因参与滦州起义而被北洋军逮捕（请参看《1911：大清国是怎么没的》），但不久就被释放。

因为，冯玉祥娶了个好媳妇。其妻刘德贞的姑父是北洋军将领陆建章，冯玉祥不仅因此获释，而且随陆建章的升迁而升迁。虽然在北洋军中得了好处，冯并没有忘了反皇帝，没有在劝袁世凯当皇帝的通电上签名。

1月30日，第16混成旅进逼叙府城东的白沙场。第1梯团2支队1营营长田钟谷带队迎击，1个连据守白沙场前方制高点龙头山。第16混成旅炮兵营班长孙连仲扛着238斤重的山炮，带人抄小路到达龙头山的后面，架炮击中守军阵地，被冯玉祥提拔为连长。

在敌军猛烈攻势下，龙头山失守，1营退守白沙场。

2月1日，第1梯团发起反攻。金汉鼎带队冲锋，一颗子弹先打死下士于之文，再穿通锦汉鼎的左膀，其肋胁也被擦破，血流如注。金汉鼎用于之文烈士的绑腿裹伤，继续指挥。

此一战异常惨烈，第1梯团伤亡90余人，毙伤第16混成旅200多人，将其击退。

北洋军出师不利，其中一个原因是曾任清军第20镇统制张绍曾参议的刘一清，同情革命党人，这次担任反攻叙府的总指挥，故意不做统一部署，导致各路人马被护国军各个击退。

兵败叙府，陈宧心里发慌，约雷飚密谈，询问护国军的情况。雷飚说："滇军至少可出五师之众，兵强械精，川军不足以当之。前接蔡公电，谓江南冯督、广西陆督、贵阳刘督均有电赞同。况蔡公为国兴师，名义既正，士气尤旺，将来响应者必多，则川局更加孤立，请将军慎重考虑。为将军计，表面上仍宜服从北政府，同时准飚秘密斡旋其间，俾将来左右运用自如。"

陈宧一想是这么回事，让雷飚派人和蔡锷联系，并嘱咐雷飚密电刘存厚："相机应付，如蔡公到永宁，应力加保护"。

1916年1月14日，蔡锷率第2、3梯团作为中路军，从昆明出发，出永宁，进攻泸州。

进至雪山关，此时红日初升，蔡锷豪气勃发，立马写成一副对联：

是南来第一雄关，只有天在上头，许壮士生还，将军夜渡。

作西蜀千年屏障，会当秋登绝顶，看滇池月小，黔岭云低。

31日，第2梯团3支队进至永宁。

同日，刘存厚在纳溪通电反袁，自任“中华民国护国川军总司令”，宣布“联合滇黔，挥旌北讨”，所部改编为2路、4个支队，总兵力约为3000余人，随即参加了战斗。

袁世凯又受到沉重打击，气急败坏地免去刘存厚官职勋爵，悬赏20万元要买刘的脑袋。

2月初，刘部第2路3支队长田颂尧带队，截击从叙府沿江而退的第16混成旅一部，俘虏排长韩复榘等官兵260余人，相继占领江安、南溪县城，与护国军一道形成了对泸州的攻势。第2支队队长邓锡侯率部也同时从纳溪渡过长江北岸，占领泸州附近的石棚、方山等地，准备由泸州西郊要隘龙透关，进取泸州。

泸州城北靠沱江，南临长江，东踞两江汇合口，西有龙透关，地形险要，有“铁打泸州”之称。

2月5日，第2梯团3支队与护国川军会攻泸州，进占与泸州隔长江相望的蓝田坝。

7日，第3支队队长董鸿勋和护国川军第1路司令陈礼门商定：董鸿勋率第2梯团3支队和护国川军第1路2支队、第2路3支队渡江进攻泸州，陈礼门率炮兵在蓝田坝后山月亮岩设置阵地，炮击泸州，掩护渡江部队。

8日，董鸿勋率部从太安场北渡长江，逼近小市，距泸州城仅数百米。

眼看泸州又要不保，陈宧令北洋军第13混成旅增援泸州。援军一到，驻守泸州的周骏部下熊祥生也来了精神，大摆筵席为13旅长李炳之接风。正值军官们称兄道弟、推杯换盏的当口，从月亮岩飞来的炮弹正中宴席，轰然巨响，一片狼藉，官员们也顾不了形象了，争先跳墙而逃。

熊祥生脸上实在挂不住，出重金招募了2个连，组成敢死队，换上便衣，强迫一些妇女夹杂其中，于9日夜南渡长江。

是夜，月黑风高。把守沙湾渡口的护国川军队长田伯施的眼力不行，隐隐约约看见江面上有船开来，船上还有妇女，以为是难民，就没有阻拦。船一靠岸，敢死队突然发起进攻，护国军毫无防备，被打了个措手不及，丢下4门克虏伯大炮，惊溃逃逸。敢死队乘机夺取了月亮岩、蓝田坝，陈礼门因羞愧而自杀。

11日，董鸿勋被迫率部退回江南，反攻蓝田坝、月亮岩，结果失败。

护国军攻取泸州受挫，董鸿勋贪生怕死，弃部而逃，随即被蔡锷撤职。好在，董鸿勋下属的营长唐淮源、郑森等人临危不乱，重整旗鼓，带队退回纳溪。

随后，护国川军第1路2支队、第2路3支队与刘存厚总部会合，第2支队长邓锡侯勇敢作战，掩护主力撤往江安。

北洋军一战得手，士气大增，以蓝田坝为基地，分三路扑向纳溪，将第2梯团3支队、护国川军包围在安富街、纳溪城方圆八九平方公里的地区。

13日，蔡锷命第2梯团4支队赶往纳溪增援。支队长何海清挑选勇士组成精锐连，亲自带队急进。

15日晨，精锐连正向棉花坡进发，又接到命令，改为增援双河场。当精锐连进至双河场时，发现敌军在河边抢船，生火做饭，何海清下令射击，以试探敌人虚实，随后避入林中隐藏了起来。

敌军以为是3支队、护国川军的败兵袭扰，没当回事，继续饮酒作乐。

半夜，精锐连从密林中冲出，集中火力发起突袭。敌军正在酣睡，压根儿没想到会有人偷袭，一触即溃，逃之夭夭。

此役，精锐连不仅夺回3支队丢掉的8门大炮、8挺机枪，还缴获了5门大炮、5挺机枪等武器装备。

敌军吃了大亏却长了见识，称何海清为“何矮虎”。

15日，第3梯团6支队也进至永宁，蔡锷命支队队长朱德星夜加速前进，接管第3支队。

朱德在云南讲武堂加入同盟会，辛亥革命时由排长升任连长，护国战争前，他是云南陆军第一师的营长。云南起义后，被任命为新编的陆军第10团上校团长，该团编为护国第一军第3梯团第6支队，朱德为支队长。

17日，朱德率1营急行军200多里从永宁赶到纳溪，把逼近县城的敌军击退，在棉花坡设防。

棉花坡位于城东约5公里处，是纳溪城东一系列山丘中的最高点，泸州通往纳溪的大路经过这里，战略位置非常重要，是敌我双方必争之地。

当朱德支队进入棉花坡阵地之际，北洋军张敬尧师的两个旅、曹锟师的吴佩孚旅，以及川军熊祥生旅之刘湘团等部，齐集在纳溪城东门外的棉花坡、双合场等地，兵力占据绝对优势。

北洋军志在必得，依仗械多弹足，连续三天三夜昼夜不停地炮击护国军的阵地。山坡上的松树多数被炸倒，击落的松针厚积数寸。

在猛烈的炮火中，朱德支队中英勇善战的营长曹之骅，受伤牺牲。在严峻形势下，已改任第3支队队长的朱德鼓励部下说：“北军不经一打，他们从平原跑到山地来，连走路都成问题，而且我们反袁是义师，他们是师出无名，所以胜利一定是我们的。”

朱德率部与北洋军展开白刃战、夜战，打退多次进攻，并连续发动了4次强有力的攻势，“连续鏖战了四天四夜，毫无间歇”，虽“负伤营长四员，而勇敢锐利，势不稍衰，实所罕见”，不仅守住了阵地，而且使泸纳战线转入“攻势防御”，成为与护国战争相始终的主要战场。

就是在这次战役里，朱德机智勇敢，指挥若定，每晚只睡三四个小时，似乎有无穷的精力，赢得了勇猛善战、忠贞不渝的声誉，一战成名。

后来，朱德回忆：“打大仗我还是在那时学出来的。我这个团长，指挥三四个团、一条战线，还是可以的。”

23日，蔡锷率2、3梯团主力从永宁赶到纳溪，和第2梯团长赵又新、第3梯团长顾品珍一起到火线视察。

午间，他们经过朝阳观，两军在此各占据一个高地，中间是水田，蔡锷等人沿田埂过水田。

最危险的情况发生了，护国第1军的首脑们突然遭到北洋军机枪扫射。顾品珍冲了过去，赵又新回头退走，蔡锷躲在水深及胸的田里，直到天黑才脱险。

鉴于泸州、纳溪方向敌强我弱的局面，蔡锷致电第1梯团长刘云峰："张敬尧为袁逆唯一之勇将，非得先树声威之贵部前来增援，否则大局不堪设想。"

25日夜，刘云峰接到蔡锷电报后，急忙和第1支队队长邓泰中、第2支队队长杨蓁商议。

杨蓁说："我们的兵力原来已够单薄，经过几次战役，伤亡的员兵和消耗的弹药还没得到补充，第1支队第1营又被禄国藩带走，若再分兵，叙府就难保守，云南的大门就洞开了，这是一件很危险的事。"

刘云峰听杨蓁这么一说，也拿不准主意，急中生智，把金汉鼎从医院请来，征求他的意见。

金汉鼎态度很坚决："总司令的电报不是说'非得先树声威之贵部前来增援，否则大局不堪设想'吗，这几个字是多警人啊！譬如大树，应先固本，本固则枝叶茂。若是根本已被斩断，枝叶没有不枯死的。还有，准备响应起义的省份听到主军失利，也将收卷旌旗，坐视成败了。至于违令不听调遣的责任更是无法逃避的。"说完，金汉鼎主动请缨。

邓泰中说："你的伤还未好，怎去得？"

金汉鼎说："没关系，我的两腿能跑路，右手可以写报告、下命令。"

刘云峰抽调第1支队2营、第2支队2营组成1个支队，以金汉鼎暂任支队队长，率队连夜登船，于次日晨出发，增援纳溪。此刻，叙府所有铺户都在门前点上一盏灯，为2营照亮出征路。

3月1日，2营进至双河场，投入战斗，勇猛杀敌。

后来，叙府、纳溪一带有民谣说："黄柜盖，叶毛瑟，朱、金支队惹不得。"

但是，杨蓁的担心不是多余的。

第1梯团下辖4个营及昭通独立营，先后调往纳溪4个营，仅剩第2支队1营。

2月29日，北洋军第16、4混成旅精锐尽出，在第几次进攻叙府失利后，卷土重来，趁叙府兵力空虚之际，展开凶猛的反攻。

3月1日夜，第1梯团经过激战后，寡不敌众，被迫放弃叙府，退往安边。

按当时的战场局势，冯玉祥以其优势兵力，不仅可以继续追击护国军第1梯团，且可长驱直入云南，或移兵南下，抄袭纳溪护国军主力的后方。

因此，袁世凯大为高兴、嘉奖冯玉祥"忠勇奋发"，特封为三等男爵，以资鼓励。但冯玉祥并不买账，命令部队停止前进。

曹锟、张敬尧来电质问。冯玉祥回电："官兵病者太多，官兵不但身上有病，心里亦人人有病，务请速作主张，顾暂作休息。"

这病真是心病！

冯玉祥不愿为袁皇帝卖命，派参谋蒋鸿遇去和刘云峰联系。蒋鸿遇曾在云南当过骑兵营营长，与蔡锷相识，又是刘云峰的保定军校同学，后经好友刘一清介绍到冯玉祥部任职。

蒋鸿遇说："冯旅长系辛亥革命滦州首义之人，袁作皇帝，彼不赞成，前日之战，乃不得已耳，彼此不要做无谓之牺牲。"

刘云峰说："彼既不赞成袁做皇帝，即是同志，我等出兵，为打袁皇帝，冯旅长既是同志，当然不能再打仗。"

双方有着共同的愿望，一拍即合。16日，双方缔结了局部停战的协议，其内容如下：

一、双方先行局部议和，俟陈将军表示川省独立，应将取消帝制与改选总统之宗旨，明白宣布，并改组护国军。对于反对护国军之宗旨者，须出兵征讨，并力成全。

二、未宣布以前，叙府下游一带，护国军第一军及护国军所属军队之作战运动，冯军不得加以妨碍。为暂时防止误会及冲突起见，刘军不得过安边场，冯军不得过板树溪。双方并不得越过金沙江之两岸。

三、其他联合问题，应由陈将军及蔡总司令商定，分令各军遵守。

不久，冯玉祥所部开往成都，和同情护国讨袁的刘一清一起，规劝陈宧独立反袁。

三、“战神”刘伯承

2月28日，在顶住北洋军数次疯狂进攻后，蔡锷率部在纳溪发起反击。

战斗在南起纳溪、双合场、牛背石，北至长江北岸的况场，西至江安，东至龙透关之间的广大地区全面展开。

29日，蔡锷致电唐继尧：“……我军所占阵地，非系自由选择，纯为背水之阵。部队逐渐加入，建制每多分割。幸士气坚定，上下一心，虽伤亡颇众，昼夜不能安息，风餐露宿，毫不为沮。惟旷日相持，敌能更番休息，我则夜以继日；敌则源源增加，我则后顾难继。言念前途，盍胜焦灼！今昨两日，举全力猛攻，逆军阵地已成锐角形，其正面尚依然未动，良以地形艰险，守易攻难。现决必继续猛攻，如能击溃，可望转危为安。如再无进步，为全军计，只有另择阵地扼守，一以伺敌以制胜，一以迁延时日，用待时变……”

护国军连续猛攻，战斗夜以继日，多次短兵相接，相互肉搏，“以寡击众，鏖战经月，日眠食于风雨之中，出入乎生死以外，总计伤亡及失踪不明者，不下千人”。

战况空前激烈，双方死伤惨重。

北洋军据险坚守，护国军粮弹匮乏，疲劳太甚，不得不于3月6日夜后撤，退守大洲驿、叙蓬溪（今护国镇）、白节滩一线。7日，北洋军进占纳溪、江安，双方形成相持之势。

得到战报后，袁世凯欣喜若狂，立即晋升张敬尧勋三位，加上将衔，旅长熊祥生、吴佩孚、吴新田均升援中将，团长刘湘获得了勋五位和少将衔。

为了鼓舞士气，袁世凯毫不吝啬，又特派曾鉴为川南宣慰使，携带由财政部拨款的5万元和袁氏个人赠款1万元，采购大批咸牛肉、咸猪肉、罐头食物、绍酒、彩缎、贡绸、金银用具、衣帽、刀剑、古玩字画、碑帖、相片、瓷器等送往前线慰劳将士，对立功将领给以不同等级的荣光宝星章，得到勋章的人每年可以领取年薪250元至3000元。

袁世凯得意洋洋，只等再打几个胜仗，就要黄袍加身，登基即位了。

面对暂时的困境，蔡锷毫不气馁，养精蓄锐，静待战机。他将司令部设于大洲驿旁永宁河中的一条大船上，后来就从这里发出了总反攻的命令，并取得了护国战争的胜利。

为了纪念这个地方，蔡锷将永宁河畔的一块巨石命名为“护国岩”，亲自撰写护国岩铭并作序，手书“护国岩”三个大字，勒铭于岩石上。

直到今天，“护国岩”仍然保留在永宁河畔，供人们瞻仰怀念。

当川南战场炮火纷飞之际，远在数百里之外的川东也激战正酣。

孙中山任命原川军第5师18团团长卢师谛为中华革命军四川总司令，并派原5师连长刘伯承等军官回四川发动起义。

1915年12月，刘伯承从上海回到四川，以涪陵为活动中心，组建四川护国军第4支队。同月，卢师谛经云南回川，任命王维纲为第4支队长。

1916年3月中旬，王维纲、刘伯承率队进攻长寿县，未能攻取。刘伯承提议转攻丰都，部队进至马口桠，王、刘派负责联络的军官康云程先去丰都侦察。

此时，刘伯承、康云程正值青年，朝气蓬勃，充满了革命信仰和豪情壮志。康云程携带着讨袁檄文和护国军布告，混进了丰都城，发现守军有两个团。康求胜心切，年轻气盛，认为如果据实报告城里有北洋军两团，我军或许不敢进攻。为了坚定攻城的决心，康派人向王、刘报称："城内只驻有北洋军两个营，望速攻击，静候复命。"

刘伯承得报，立即带领第4支队于深夜发起进攻。躲在城内的康云程听到枪声，立即张贴布告、檄文，并准备打开城门接应。双方交火后，战况愈发激烈。

刘伯承身先士卒，气壮风雷，头部连中两弹，一弹擦伤头顶，一弹从右边"太阳穴"穿入，透右眼而出，血流不止。由于情报不准，第4支队损失惨重，败下阵来。

康云程找来一个箩筐，刘伯承蜷缩在筐里，被人抬走。刘伯承是第4支队的主心骨，他这一伤，队伍就散了。

康云程心怀愧疚，把刘伯承隐藏到一户农家，亲自给刘上药包洗。伤势稍稳后，又冒险护送刘伯承到重庆就医。刘伯承在德国籍沃医生的诊所做手术，割去赘肉，安装假眼。

由于条件有限，手术时只能做局部麻醉。手术长达三个多小时，麻醉药的作用已经消失，刘伯承忍住疼痛，一声不吭。手术结束后，沃医生见刘伯承的坐椅扶手被汗水湿透，关心地问："疼得厉害吧？"

刘伯承笑着说："才割了70余刀，小意思！"

沃医生竖起大拇指，连连赞道："了不起，了不起，你是真正的中国人。"

刘伯承把真实身份告诉沃医生，沃医生更加佩服，说："你真是军神、军神！"

1950年，西南军政委员会主席刘伯承致函涪陵县政府，向支持过他的父老乡亲致敬。

3月15日，广西宣布独立。

护国军经过休整，体力大增，士气复振，于17日发起反攻。战至21日，北洋军全线崩溃，护国军占领纳溪、江安、綦江等地，第3支队的前锋进至距泸州十余里处。

21日14时，驻守泸州的北洋军派出3架飞机侦察。第3梯团6支队队长王秉钧命炮兵连速射，击落2架。

此时，全国反袁浪潮风起云涌。

袁世凯被迫于22日下令撤销“承认帝制案”，命陈宧、张敬尧与蔡锷谈判停战。

同时，护国军战线较长，弹药所剩不多，炮弹只剩下200发，兵员有减无增，士兵疲惫不堪，后勤供给困难，只能向当地民众借贷度日。为了赢得补充和休整时间，也希望双方暂时停火，以利再战。

23日，蔡锷致电唐继尧：“查纳溪地当水陆通衢，防御颇难，于军事无甚价值；加之经逆军蹂躏，人民迁徙一空，物资扫荡无遗，拥兹空城，殊非得计，现仍饬扼扎原地，伺机以进。……溯本月初旬，我军连日猛攻，逆军兵将或遗书通款，或在战壕大声言去逆效顺，请求停战，因乃效三舍之退避，冀其幡然归诚，迄逾旬日，毫无征兆，于是不得不与以剧烈之打击。现拟仍予以犹豫时间，希其践行前约，如仍顽迷不悟，再张挞伐。所有近日军情，合电缕陈，希转达各省为幸。”

从3月31日起，双方停战一个星期。

在此期间，刘云峰经蔡锷同意，与张敬尧通话：“停战期满，你尚愿打否？”

张敬尧说：“哪个王八蛋愿打，你们怎么样呢？”

刘云峰答：“我们是同你一样的，不过我们双方均不愿意打，还要想个法子，方能不打。”

经过试探性接触，双方有了和谈基础。随后，按照双方约定，刘云峰准备前往泸州，与张敬尧面谈。

离去之前，蔡锷有点担心，对刘云峰说："张敬尧系土匪性质，你到泸州，他把你害了，有什么办法？"

刘答道："我若不去，后日打仗，又有什么办法？且我不是滇军总司令，即将我害了，滇军亦非不能打仗；若幸有办法，目下危局，即可解决。且张敬尧虽是土匪性质，亦不至于杀来使。"

蔡锷无奈，只好说："张敬尧如将你害了，我不给你报仇，就不姓蔡了。"

翌晨，刘云峰只带着一名参谋和马夫，赤手空拳地来到张敬尧的防地。

张敬尧态度还不错，对刘云峰说："我不瞒你老弟，我的精锐部队已损失大半，曹三爷（曹锟）直属部队多不能战，全靠我师来撑局面，打死仗，我才不干了呢。若再打下去，我这个师长就当不成了。只要有办法，我决不再打了。且袁作皇帝，我也不赞成。"

刘云峰说："我们出兵打仗，就是为袁作皇帝，你既不赞成袁作皇帝，我们的宗旨相同，还有什么仗打呢？以后我们商量打袁皇帝如何？"

张敬尧说："打袁皇帝我也赞成，不过袁倒之后，须请段先生出来当总统，老弟你也是段先生的学生，我想你一定赞成的。"

刘云峰说："应当何人继任总统，约法已有规定，大总统出缺，应以副总统继任。"

张敬尧又说："若不请段先生当总统，咱们的仗还是要打。"

刘云峰怕事情闹僵，不好收场，就说："我不是滇军总司令，不能做主，我回去请示。"

刘云峰回去后，一五一十向蔡锷做了汇报，蔡锷说："暂时敷衍，未尝不可。"

于是，双方达成协议："（一）南北两军合组为同盟军，以讨袁为目的，并推蔡锷为总司令，曹锟副之，张敬尧为总指挥。（二）以段祺瑞继任总统。（三）无论何军，与此宗旨相同者为友军，不赞成者共击之。（四）滇军子弹由北军供给。（五）同盟军粮饷，概由四川筹备。"

双方已经谈拢，就不再打了，延长停战期两个月。

第十章　半壁江山风雷激

一、胆小的舅舅

贵州有这样的民谚："耗子有耗子路，猫猫有猫猫路"。

贵州护军使刘显世（贵州不设将军）、贵州巡按使龙建章向袁世凯发出"拥戴书"，新"皇帝"龙颜大悦，封刘世显为一等子爵、龙建章为一等男爵。

云南起义爆发后，广东人龙建章见势不妙，借口母亲有病，逃离贵州。

袁世凯很生气，取消了龙的封号，交付文官高等惩戒委员会惩办。同时，提拔刘显世的堂兄刘显潜继任巡按使，在其老家兴义设立行署，指挥巡防营在滇黔交界布防，企图阻止护国军入境。

刘显世出身官宦之家，是"旧派"大爷，而他的两个外甥一文一武，显然是"新派"大哥。

王伯群、王文华兄弟得到舅舅刘显世的资助，王伯群留学日本，受到梁启超的影响，回黔后组建统一党支部，成为梁启超的得力助手；王文华没离开贵州，却注籍美国三藩市同盟会支部。刘显世当上护军使后，王文华担任黔军第1团团长，实际上是贵州陆军的领袖。

在天津密议时，梁启超、蔡锷决定由原贵州巡按使戴戡、王伯群负责策动贵州独立。

王伯群很看好弟弟，曾信心满满地表态："当局（刘显世）意向，文华能左右之。所部虽成军日浅，气锐，可一战也。”

王伯群从昆明回到贵阳后，就和弟弟王文华一起劝说舅舅下定决心，同云南一致行动，起兵反袁。

此前，王文华曾派人入滇，向唐继尧“探询方略”，表示“且万一差池，愿以所部属滇一同行动”。唐继尧也让贵州方面加强练兵战备，并支援了一批枪械装备。

而刘显世依然犹豫不决，顾虑重重，认为“袁世凯已席卷中国，非一隅可能抗也”，甚至当云南起义通电上署有他的名字时，他立即通电声明：“所有滇省通电列有显世名衔者，均系由滇冒列，显世均不负责。”

这下，王文华被激怒了。他好汉做事好汉当，对刘显世说：“吾志与民国同命，舅氏不谓然，请以第一团兵变告北京。吾自驰助蔡君，灭家亡身吾独任之，事成则归舅氏。”

可惜，刘舅只有耗子胆，怕两只打架的大象踩坏自家草坪，一面上书袁世凯说什么“文华辜负天恩，自外生存，臣统驭无方，罪合万死”；一面急忙派代表去昆明，劝护国军不要过境，生怕北洋军因此进入贵州，抢了他的地盘。

怕什么，来什么；“敌”重兵，压黔境。

1916年1月中旬，护国第1军第4梯团长戴戡率部进逼盘县。贵州巡防营团长易荣黔被戴戡说服，让出道路，第4梯团顺利通过黔西南地区。

此前，戴勘被袁世凯免去贵州巡按使，调到北京任参政院参政，本来就憋着一肚子气，南下辗转到达云南后，参加了护国讨袁起义。这次进兵贵州，也是来者不善，善者不来。

24日，第4梯团兵不血刃，进抵贵阳。

26日，各界人士1000余人集会欢迎戴戡，戴是进步党中善于宣传的活动家，他慷慨激昂地发表了长篇演说：“黔与滇为唇齿，各界早有赞同之心。诸君教我作何事，我即作何事。此身在天津会议时，即以之许与诸同志，许与共和国家，要在何处死，就在何处死，皆为诸同志及共和国家之命是听（众拍掌）。又今日之事，非袁世凯死，即我等死而已，岂有他哉！（众拍掌）再论到成败一层，袁世凯既已众叛亲离，不亡何待！”

在戴勘的鼓动下，在贵州统治集团内部，反袁派占了上风，特别是耆老会头子郭重光及参加过重九起义的团长如熊其勋、吴传声等人也纷纷要求出师讨袁，这些人掌握兵权，平时也都是说一不二的狠角色。

例如，团长熊其勋写信给刘显世说：“现在的形势，非独立不可，我已下定决心，义无反顾。袁氏叛国，帝制自为，以公有之国家，作一人之私产，蔑视约法，背誓食言，全国之人心可违，不知人间有羞耻事。身为国家军人，非同一姓走狗，但能报国，虽死犹荣。”

刘显世反复掂量，深知“军心皆向文华，违之显有不利”，最后迫于内外压力，决定“反对帝制，永护共和，愿与父老昆季共生死”。

1月27日，刘显世宣布了《独立通令》和《安民告示》，自任贵州都督，还将云南起义前后列有他名字的电文，一一重新公布。

当独立宣布后，贵阳满城欢声雷动，家家户户都在门前张贴“巩固共和”的大红字，大街小巷遍悬五色国旗，气象一新。

贵州独立后，拨款5万元，援助在川南作战的护国军。蔡锷将滇、黔两省护国军合编为“护国军滇黔联军”，自任总司令。

1月28日，蔡锷、唐继尧、刘显世联名任命戴戡为滇黔联军右翼军司令，下辖东路、北路黔军。

黔军1、2、3团，组成护国军东路支队，王文华任司令，出兵湘西。黔军第5、6团编为1个梯团，5团团长熊其勋为梯团长，总兵力为2000余人。该梯团作为北路黔军，由戴戡指挥，经遵义，出松坎，进攻綦江，配合川南护国军攻取曹锟总司令部所在地重庆。

2月11日，北路黔军分三路进发，一夜之间，三路皆捷。15日，前锋进至距綦江仅10里的桥坝河。

滇黔右翼军旗开得胜，一时间声威大震。

袁世凯坐不住了，急命川军第1师进驻綦江。1师在桥坝河谷设伏，击退北路黔军。

17日，护国第3军参议殷承瓛率3军1梯团1支队进至松坎，加入战斗。同时，川军周骏师的3个团也陆续开到綦江、江津一线。

敌我两军在龙台寺地区遭遇，一场血战在所难免。从23日起，双方展开拉锯战，相持达1个月，北路黔军“杀敌数千人，自损八百”，未能攻取綦江。

为了保住重庆和长江交通线，袁世凯不惜血本，悬赏20万元固守綦江。北洋军齐燮元旅、李炳之旅等部，也都陆续集中到了綦江一带，形成兵力的绝对优势。

3月16日，针对复杂严峻的形势，蔡锷不得不调整战略部署，致电北路黔军：“近日敌军纷纷向重庆进发，恐泸州取守势，綦江取攻势，我军既是单弱，尽可竭力将范围缩小，以免将来腹背受敌。”

北路黔军退回松坎，在川黔边界设防，军事上由主动进攻改为牵制敌军。

二、从亲家到冤家

在民国初年，中国有“北猿南鹿”的说法。

“北猿”指袁世凯，“南鹿”指陆荣廷。小都督和大总统并称，袁世凯心里当然不舒服，想方设法制约广西都督陆荣廷。

1914年，袁世凯任命原广西巡抚张鸣岐为广西巡按使，会办广西军务。陆荣廷更会办，想方设法不服这个老上司的管，二人闹得很僵。

1915年7月，袁世凯没有办法，只好将没用的张鸣岐调任广东巡按使，派心腹王祖同接任广西巡按使，依旧给陆荣廷“小鞋穿”。

这下陆荣廷更不干了。王祖同到任后，陆荣廷干脆向袁世凯请假，回武鸣老家“养病”，让把兄弟、桂林镇守使兼第一师师长陈炳焜代行公务，并拒绝在各省将军请袁早登大位的密电上列名。

这时，又出了一件让陆荣廷恼火的事。

袁世凯坐稳了总统宝座后，为控制封疆大吏，仿照古代帝王以子为质故伎，要各地将军送一子常住北京，表面说是学习军事知识和公府仪节，以便将来继承父亲事业，实际是作为人质，以防不测。

陆荣廷也不例外，将其爱子陆裕勋送往北京。但现在“猿鹿”已生芥蒂，陆荣廷很不放心，叫嫡亲儿子回家侍候“病爹”。

袁世凯也不放心，就派陆裕勋的姐夫、广惠镇守使龙觐光之子龙运乾陪其回桂，进行监视。

出乎意料的是，一行人行至武汉，陆裕勋猝死，有人说是龙运乾奉袁世凯之命毒害了小舅子。

陆裕勋是陆荣廷的正室谭氏所生，体格相貌、言谈举止酷似老爸，老陆视为掌上明珠。

龙家原为云南蒙自彝族土司，龙觐光之弟是振武上将军龙济光（督理广东军务）。龙济光在各个历史时期“表现良好”，深得袁世凯的信任，被封为一等公，并加郡王衔。

与龙济光资历差不多的陆荣廷仅被封为一等侯，本来就不高兴，这次遭遇中年丧子之痛，儿子之死又跟龙家有关，除了恨透了袁世凯之外，与姓龙的亲家也就变冤家了。

陆荣廷心事重重，各方都在揣摩。

1915年冬，党人钮永建、林虎从香港到广西联络，黄兴也由美国致书陆荣廷：“今袁逆谋叛民国，公然称帝，不忠不信，不仁不义，人民痛恨，外邦非议，内援外助，俱已断绝，此其自亡之日也。弟知足下素富爱国之热忱，且智勇冠绝一时。临兹事变，必有宏谋伟略，百倍于弟之所期。……今日海内贤衮，竭智并力，以正义讨昏暴，以人民公意诛独夫，义正言顺，内洽国内之人心，外博世界之同情，事之成功，不难逆睹。望足下节丧明之痛（指陆裕勋在武汉被毒死），兴讨贼之师，发扬奋迅，激励国家之气，勿使时机坐失，贼势日张，则国家之福，亦足下之所赐也。国之存亡，系于今日，救民保国，端赖贤哲，海天西望，企盼捷音。”

陆荣廷看信后，态度挺积极，表示愿意合作。另一方面，陆荣廷又不露声色，千方百计稳住袁世凯，为独立创造条件。

在一段时间里，陆荣廷似乎捐弃前嫌，对王祖同突然热乎起来，事无巨细都与王商量，“每有雅集，均虚左以待，非王到不欢”。袁世凯宣布改元洪宪，陆荣廷通令广西遵照执行。袁世凯委任陆荣廷为贵州宣抚使，率兵讨伐贵州，他也欣然接受，并乘机向袁世凯要了五千条枪和一百万饷银。

但这仅仅是假象，在关键问题上，陆荣廷一步不让。

云南起义爆发后，袁世凯想派北洋军借道广西，进攻云南。陆荣廷害怕中了假途灭虢之计，就暗示广西商绅们，纷纷电请政府“战事有碍商业，切勿假道进兵”。陆荣廷顺坡下驴，借口“民心不稳”，一口回绝了袁世凯的要求。

老袁一计不成，又生一计，决定派亲信龙济光的哥哥龙觐光带领粤军，从广西进攻云南，顺便监视陆荣廷。

1916年1月23日，龙觐光带着大儿子龙体乾，从济军中抽调3000多人作为基干，从广东出发，开赴桂滇边界。

碍于亲家的面子，陆荣廷只好默许，但仍留了一手，派大儿子陆裕光（二夫人所生）率领桂军精锐，以协助龙军为名，随同前往。

在广西境内，龙觐光哪能老实。他把司令部设在临近滇边的百色，在南宁、百色一带招兵买马，将其军队扩充到七、八千人。

其部署是：“新旧各军八千人，号称一万二千，分为五路：令先锋李文富带兵一千五百为前锋，出百色进攻滇之剥隘；司令黄恩锡带兵一千五百，间道出滇之广南，以遏援剥之师，并分兵会攻剥隘；令长子龙体乾率两千人，作第三、第四队，为前敌两路后援；另遣朱朝英率兵千人，直寇黔边，以阻援滇之黔兵来路。”

2月下旬，龙觐光部以绝对优势兵力，趁云南内部空虚之际，连下滇东南的广南、剥隘等地，并组织土司武装在蒙自、个旧一带袭扰，给滇军造成很大被动。

护国军后方吃紧，护国第2军张开儒、方声涛两梯团先后赶来，对粤军展开全线反击。经过三昼夜的激战，粤军李文富等部退守皈朝一带，李烈钧率领护国第2军司令部进驻广南县城。随后，双方在皈朝各山岭间展开激烈战斗。

护国军的人数和武器装备远逊于粤军，粤军以优势兵力，轮番进攻，替换休息，使护国军控制的一些阵地多次得而复失。

李烈钧亲临火线指挥战斗，护国军士气大振，斗志昂扬，敌我反复拉锯，战况异常激烈。

经过八昼九夜的鏖战，双方官兵都极度疲劳，特别是当地蛮烟瘴气，蛇虫蚊蚋极多，部队减员很大，谁坚持到底谁就能赢得最后的胜利。

在此紧要关头，护国军集中兵力发动反攻，炮弹雨点般地落入敌军阵地，摧毁了敌人的数门大炮。特别是连长鲁梓材瞄准精确，连发几炮都命中在敌炮位周围，有一炮还正中敌军炮口，造成了强大震慑力。

趁敌军惊慌之际，护国军发起全线冲锋，势不可挡。粤军大多是新招募的乌合之众，无心恋战，全线溃败，拼命向龙觐光请求支援。李文富等人也许没有想到，龙觐光此时也是泥菩萨过河，自身难保了。

就在皈朝激战的同时，在百色的龙觐光司令部被桂军陆裕光旅和马济旅包围，成了瓮中之鳖。同时，护国第3军1、3梯团从贵州黄草坝、兴义出发，向广西百色前进。

在桂军随济军出发前，陆荣廷叫来一营长卓锦瑚，对他说："当情况对我不利时，你就将龙觐光砍掉，以免纵敌贻患。"

卓锦瑚问："老帅和龙将军是两亲家，我杀死了他，将来你后悔起来，不是又要责怪我吗？"

陆荣廷说："我要打倒袁世凯，早就准备大义灭亲，有什么责怪的？”

卓锦瑚又问：“战场上枪炮无情，龙将军或他的儿子体乾果真被打死了，现在二小姐和姑少爷（指龙的二儿子运乾）都在广州，那时亲家变仇家，龙家还容得下二小姐吗？”

陆荣廷毫不犹豫地说：“容不下又何妨？我令二小姐退亲回家，为了讨袁大事而断绝姻亲关系，我就养她一辈子，有什么可怕的！”

经过一天一夜的激战，守卫龙觐光军百色司令部的朱朝瑛部被护国军挺进军黄毓成部击溃。在桂军的邀请下，黄毓成率挺进军进占百色。

在滇、桂军前后夹击中，龙觐光为了保命只好缴械投降，“其所带过山炮十余尊，机关枪三十余架，步枪七千余枝，由桂军滇军分而有之”。

随后，龙觐光在百色发出通电，宣布“当辞云南查办使责任，赞助共和，以谢天下”。

李文富等人进退维谷，处境狼狈，也被迫率领残部向护国军张开儒梯团缴械投降。护国军乘胜占领皈朝，并收复了剥隘。

桂军怎么突然出手了？原来，陆荣廷已于3月15日在柳州发表通电，宣布广西独立讨袁，陆荣廷任广西都督兼广西护国军总司令，梁启超为总参谋。

通电发出以前，陆荣廷让师长陈炳焜派兵驻守银行和电报局。王祖同闻报，急忙用电话询问：“陈师长！你派人守住银行和电报局，究竟什么用意？”

陈炳焜答：“广西现已宣布独立。”

王祖同又问：“陆督军知道没有？”

陈炳焜说：“哪有不知的道理。”

王祖同再问：“你们对我怎么办呢？”

陈炳焜对他说：“我们自应送你安全出广西境。”

陆荣廷说到做到，送给王祖同及其随从5万元做盘缠，礼送出境。

独立通电是以陆荣廷和梁启超的名义发出的。电文毫不客气地指出：袁世凯在职四年，秕政百出，神人冤愤，罪已贯盈。更怀野心，妄觊神器。……以民国付托之公仆，而背弃就职誓言，明犯国宪，狡不承罪。自云南申讨，贵州景从，……袁氏曾不悔祸，益煽凶锋，驱亿万之生灵，殉一姓之基业。……大憝不除，荼毒何极。倾已与滇黔湘蜀各路护国大军通联策应，会师江汉，荡氛燕云。恢天宇于清明，奠邦基于磐石。

这篇电文气势恢宏，不同凡响，一看就是出自梁启超先生之手。

早在1月份，梁先生就致信陆荣廷，希望其响应云南起义，举兵反袁，“以成此不世之功”。

梁启超在信里说：“自滇军之兴，万国拭目，饷械借助，殊非甚难。但有海岸，自能接济，若桂军一起，粤能景从最善也。即不然，而首以偏师略定钦、廉。运输之孔道一通，则桂更何至以乏饷乏械为虑者。此间极秘之消息，不能不为将军告者也。”

陆荣廷与梁启超并未谋面，但梁先生的大名陆荣廷如雷贯耳，能得到梁先生的亲笔信，陆荣廷感到十分荣幸，特别是有可能“乘机响应，借以谋粤”，一石二鸟，好不快哉！

几天后，陆荣廷在武鸣召集将领开会，准备摊牌。

会前，陆荣廷叫来营长卓锦瑚，拿出一支最新最好的大号曲尺手枪交给卓锦瑚，严肃地对他说：“今晚的军事会议是倒袁的会议，会议之后，就要准备行动，如到会的人完全同意，不会泄漏会议机密，就不必有什么处置；如果有人不同意或者犹疑，我目视示意并转身入房后，你就开枪将其击毙。这是倒袁必要的措施，大义灭亲，在所不计。”

会议开始后，陆荣廷即表明了态度：“现在云南、贵州已宣布独立，反袁护国，人心所向，如果我们助袁为逆，势必被人讨伐。而袁世凯素来瞧不起我陆荣廷，他如果当了皇帝，则不容我同朝共事。他既毒死我子裕勋于前，又以特务监视我的行动，随时想置我于死地，我与袁贼绝不两立，非把他推翻不可，兄弟们可赞成？”陆说完后，大家齐呼赞成，没有人反对。

陆荣廷又说："你们既已同意，今后就要一起干到底。如有半路反水，不论是父子、亲戚、僚属、好友，我都不惜大义灭亲，格杀勿赦。"说完，全体起立，即设香案由众人焚香宣誓。

会后，陆荣廷派出专使前往上海，迎接梁启超来桂襄助起义。他表示：梁先生"早上到，他晚上发表；晚上到，他早上发表"。

梁启超也是喜出望外，想到叙泸前线"状至艰险，待桂之兴，如旱望云"，即毫不迟疑地表示："我立刻去！"

3月3日，梁启超偕同黄溯初、汤觉顿等一行数人，从上海出发，在陆荣廷所派迎梁特使唐伯珊陪同下，乘日本邮船"横滨丸"前往香港。随后，从香港转乘日本运煤船"妙义山丸"，从法属安南的海防等地偷渡，潜入广西境内。一路上，历尽艰险，千辛万苦，自不必言，用先生自己的话说是"可演小小一部冒险小说也"。

4月4日，梁启超奔走万里，抵达南宁。梁先生沿途所经市镇、村落，皆悬旗燃炮欢迎，父老相携，迎送十里外。

当晚，陆荣廷设宴为梁启超洗尘。梁先生脱下西装改穿长衫入席，坐在首位。陆荣廷坐在主位相陪，笑道："今晚的宴会是龙虎会。"马济、林虎等人也参加了宴会。大家把酒言欢，气氛融洽，深夜方散。

自己还没到南宁呢，陆荣廷就"提前"宣布独立，这让梁启超喜出望外。下一步，梁先生把工作重点放在了他的老家——广东。

广东是革命党人的根据地，革命热情比较高涨。

"二次革命"失败后，原广东都督陈炯明与孙中山产生分歧，没有加入中华革命党。

1915年冬，陈炯明从香港潜回惠阳、博罗一带，招集旧部。1916年1月6日，陈炯明起兵反袁，自任"广东都督兼讨逆共和军总司令"。

几乎与此同时，孙中山任命朱执信为中华革命军广东司令长官，在澳门设立机关，指挥各地起义。

至4月前后，广东一省各路起义军已遍及21个府县，参与人数达数十万，有的民军已逼近省垣。在广州城内外还有“屠龙党”、“锄龙团”等秘密组织，随时准备暗杀龙济光。因此，“南海郡王”龙济光四面楚歌，杯弓蛇影，草木皆兵，不得不提心吊胆过日子。他轻易不敢出门，甚至在将军署与巡按使署之间，构筑了一座“过街天桥”，以便同巡按使张鸣岐等军政要员交通来往。

这时，在广州的龙运乾获悉老爸和哥哥已被陆荣廷扣押，不敢直接和老丈人通电，只好打电报哀求丈母娘谭氏放他们一条生路。得到的答复是：政见虽不同，亲戚究竟还是亲戚，请龙觐光电劝他的兄弟龙济光响应独立。

人在矮檐下，怎能不低头。3月19日，龙觐光致电龙济光：“吾弟握兵岭表，卫国频年，然虎踞不无藩镇之疑，鸟尽终有弓藏之虑。为今之计，先宜谢绝羁縻，大张旗鼓，以清议为先导，以武装为后盾，重新日月，再整山河，于理既长，于功尤伟。且兄慷慨效忠民国，万一不幸引兵向粤，吾弟真将同室操戈，为天下僇乎？及时警悟，建树非迟。临电哀鸣，继之以血，惟察不戬。”哥哥的话这对龙济光触动很大。

此外，梁启超、陆荣廷多次写信给龙济光，劝他认清形势，起义倒戈，宣布独立。并将桂军开赴梧州，屯师桂粤边境，李烈钧率领的护国第二军也经南宁、梧州进入广东。

唐继尧、蔡锷等人也发表《致滇籍在粤将士书》，号召应援者分别给奖，中立者该不追究，冥顽抗拒者“不特粤军加以骈戮，滇人亦皆摈弃”，何去何从，急宜自择。

在强大的宣传攻势下，许多粤军将士蠢蠢欲动。在军营的墙壁上，到处书写着“身在广东心在云南，生在云南死在广东”的标语。城内驻军中有人高悬旗帜，上书“听候龙济光宣告独立”。

龙济光已危在旦夕。在这种情况下，龙济光仍不见棺材不落泪。他一面敷衍说正在准备独立，希望民军不要再进逼省城；一面又密电袁世凯，请求调遣驻上海的北洋陆军第10师，乘舰经海路南下广东，帮助他反攻民军。

消息一出，广东各界群情激奋，各路义军摩拳擦掌，准备进攻广州。

4月4日，海军宝壁及江大、江汉、江巩、江固等舰艇，宣布响应民军起义。5日，护国军攻城司令魏邦平乘舰进抵虎门，做好了攻城准备。

龙济光虽拥兵万余人，而困守省城，号令不能出城门。形势危急，龙济光束手无策，惶惶不可终日，急忙给袁世凯发电，请示机宜。老袁也够绝的，回电答复“独立拥护中央”。什么意思呢？就是表面宣布独立，苟延残喘，等待时机，以图再起。

6日，心领神会的龙济光宣布广东“独立”。“独立”文告声称：广东绅商学界公呈，为保全人民生命财产，公议请龙上将军为广东都督，以原有职权维持秩序。……如有不逞之徒，假托民军，借端扰害治安，即为人民公敌，本都督定严拿重办，以尽除莠安良之责。

假戏还要真演。当日，广州城厢，遍悬白旗，布告安民。毕竟，假独立也算独立嘛。可广东各路起义军不认这个账，继续进攻济军。

龙济光没办法，请陆荣廷、梁启超从中斡旋，以解燃眉之急。梁启超打心眼里不想保龙济光，而陆荣廷则有自己的打算，想保龙以牵制广东起义军，自己好从中渔利。

8日，梁启超从大局出发，致电陈炯明、朱执信等人：“两粤唇齿一家，必须联络安堵，乃可以蓄养精锐，以图北伐。若境内自生葛藤，岂不为贼所窃笑。且对外信用亦将失坠，其为前途障碍者实大。干公（陆荣廷）至诚所感，亦以至诚相应，丝毫无可猜疑之余地。务望苦劝各同志，协保秩序，待干公到后，断无不可解决之问题。”

电报发出后，陆荣廷、梁启超从南宁动身，前往广州。

这时，龙济光为了缓和各方气氛，决定邀请民军和护国军代表入城会谈，协商解决纠纷。

12日，陆荣廷、梁启超和民军方面的代表汤觉顿、徐勤，龙济光的代表贺文彪、颜启汉，在广州海珠岛水上警署举行会谈，以便解决广东问题。

会上，贺文彪、颜启汉等人口气不小，竟提出取消护国军名号、将护国军并入广东警卫军等要求。汤觉顿等人当然不能同意，双方唇枪舌剑，争执不下，会场气氛十分紧张。

会议刚开15分钟左右，意外发生了。颜启汉等人突然掏出手枪向汤觉顿等代表射击，顿时一片混乱，枪声大作，汤觉顿等多人当场身亡，这就是轰动一时的“海珠事件”。

事发突然，两广局势变数陡增。梁启超和汤觉顿关系莫逆，闻此噩耗，痛不欲生，怒不可遏，急派梧州镇守使莫荣新率部入粤，进攻济军。

龙济光也不想把事情闹大，无可奈何，只好负荆请罪，亲自去向陆荣廷、梁启超解释说事件与他无关，凶犯是颜启汉，幕后指使者是苏、赣、闽、粤四省禁烟督办蔡乃煌，希望得到各方谅解。

陆荣廷、梁启超提出处决凶犯，警卫军调出广东，整顿济军等项条件。龙济光表面接受，实际上敷衍了事，拖着不办。

就在这时，“和事佬”岑春煊从马来西亚槟榔屿绕道日本（借款购械）、香港抵达广东肇庆，与陆荣廷、梁启超会合。

岑春煊曾任前清两广总督，德高望重，陆荣廷、龙济光都是其下属，把岑春煊当做“恩师”，岑春煊说话还是比较好使的。

岑春煊志大好名，与袁世凯是一对死对头。用岑春煊的话说就是“袁世凯生，我必死；袁世凯死，我则生耳”。

岑老为何与老袁不同戴天呢？据岑老自己说：“自戊戌政变后，我就彻底明白了袁之为人，是个窃国的奸贼。辛亥革命，他利用时机造成北洋势力，两面要挟，盗取政权，就为的是自己做皇帝。他既这样卑劣无耻，也一定做得出卖国求荣的事来。我之反对北洋，就是为此。至于共和、民主、宪政，我一概不懂，只要打垮北洋，我就隐退。”

因此，早在“二次革命”时，岑春煊就派人劝说陆荣廷举兵讨袁，陆荣廷没听老长官的话。“二次革命”失败后，岑春煊被迫流亡南洋（请参看《1913：选票与子弹》）。袁世凯称帝后，岑春煊又多次致函陆荣廷，希望他起兵反袁。陆荣廷这次吃了老袁的亏后，也学乖了，就请岑春煊回国主持大计。

岑春煊认为：陆干卿（陆荣廷）素有正义感，反袁护国，他一定欣然响应。龙济光不知正义为何物，就利害来讲，他受袁氏的笼络太深，未必肯听我话。如果干卿响应，大势所趋，或者可以把龙济光牵进来。

果不出所料，经岑老调解，两广“握手言和”。

5月1日，两广护国军都司令部在肇庆成立，岑春煊为都司令，统辖两广军务，梁启超为都参谋，龙济光暂任广东都督。

几天后，为了进一步争取龙济光真正反袁，梁启超决定“亲自出马靠血诚去感动”龙济光。梁先生不辞辛苦，来到观音山向龙济光“苦口婆心地谈了十几点钟”。

次日晚，龙济光召集军官开会“欢迎”梁启超。酒过三巡，龙济光的大将胡令萱借着酒劲，大骂护国军和蔡锷，并怒视梁启超，好像就要动手了。

梁先生毫不畏惧，奋而起立，大声说道：“我在海珠事变发生过后才来，并不是不知道你这里会杀人，我单人独马手无寸铁跑到你千军万马里头，我本来不打算带命回去。我一来为中华民国前途来求你们帮忙，二来也因为我是广东人，不愿意广东糜烂，所以我拼着一条命来换广东城里几十万人的安宁，来争全国四万万人的人格。既已到这里，自然是随你们要怎样便怎样……”

梁启超的演讲“意气横厉”，让人感动。龙济光不得不表示要“团结一致，专心北伐”。

三、纯爷们王晓峰

上海镇守使郑汝成深得袁世凯的器重。袁世凯曾说："异日代冯国璋者，舍郑汝成莫属。"

1915年夏末，孙中山在东京任命陈其美为中华革命军东南军总司令，在上海设立筹备处；居正为东北军总司令，在青岛设立筹备处；胡汉民为西南军总司令，在广州设立筹备处；于右任为西北军总司令，在三原设立筹备处。

10月，陈其美回沪活动。吃一堑，长一智。"二次革命"时，陈其美败给郑汝成，遂吸取教训，认为："逆酋不杀，则上海与海军二者皆不能急图也。"

事不宜迟，说干就干。

同月底，陈其美在上海的帮会中挑选100多人，每人发给100元，让他们去尽情吃喝玩乐。

11月9日，陈其美召集这些人开会，说："明天是日本天皇大正加冕典礼，日本驻上海总领事要在虹口礼查饭店举行庆祝会，上海护军使郑汝成将代表中华民国前来道贺，我们要趁此机会把这个最凶恶的敌人除掉。但郑汝成是坐船走水路来还是坐车走陆路来，我们还不知道。因此，只好把狙击重点放在礼查饭店附近，担任这一带狙击任务的同志，是要更勇敢更精于射击的人，以期胜利完成任务。现在共划定42个狙击点，大家可以自找伙伴，自由结合；哪三个人要好就三个人作一组；哪两人要好就两个人作一组。共编成42个组，每组发炸弹一枚，每人发十响自来得手枪一支，希望大家忠勇任事。"

陈其美慎之又慎，强调："郑汝成来时是穿海军上将大礼服，这是特征，可以不用照片。但他坐的汽车开行速度较快，等到认清了是他的时候，车子可能已到眼前，掏枪射击已来不及了。遇到这种情况，就不要掏枪，干脆放他过去。因为他过了一关，还有几十个关，不在这里被击中，是会在另一处被击中的。万一大家都因来不及掏枪，42道关都被他闯过，我也绝不怪大家，这样的失败是没有关系的，我们还可以搞第二次。但大家必须注意：如果响了枪就必须把他打死，万一响了枪不能把他打死，那就是彻底的失败，打草惊蛇就很难再搞第二次了。”布置完毕后，大家分头行动。

奉天省人王晓峰是个“潮男”，爱捯饬，把陈总司令给的钱都买衣服了，从头到脚嘎嘎新：戴着金丝眼镜，上身穿花锻棉袍（洋绉里子）、黑海虎绒马褂（素缎里子），下身穿线春丝棉袄裤，脚穿黑皮鞋。

王晓峰问同伴：“你们看我可像个烈士？”

大伙说：“像，真是个纯爷们。”

王纯爷们说：“如果不像，我就不去了。”“我要把郑汝成打死的话，我是绝对不跑的，要跑了，将来知道是谁打的？我不走，做了烈士，将来中华民国革命史上总有我王晓峰三个字，我死了也是光荣的。”

10日清晨，100余人各就各位，王晓峰、王明山守在英租界外白渡桥北墩三、四丈处。

11时，郑汝成的汽车行至北墩，王明山投出一枚炸弹，因用力过猛，炸弹落在车后。王明山迅速投出第二枚炸弹，命中汽车后身，郑汝成被震昏。

王晓峰飞身跳上车缘，左手握车栏，右手举枪向郑汝成的头部连开十枪。郑的脑袋被打成了漏勺，血溅当场，死于非命。王晓峰放声大笑，不跑不躲，站在桥头大声对围观的人群发表演说。

王晓峰、王明山随即被捕，两人在审讯时豪迈地说：“吾为祖国立一大功，虽死无憾。”12月7日，两位壮士遇害。

袁世凯平白无故地折了一名悍将，气得捶胸顿足，心痛之余，急忙调整部署，裁撤上海、松江镇守使，任命原松江镇守使杨善德为淞沪护军使。

陈其美得手后，高兴得手舞足蹈，急忙向孙中山先生“表功”，同时按计划策动驻沪海军官兵起义。“肇和”舰长黄鸣球表示支持，“应瑞”“通济”两舰官兵也多为赞成，陈其美决定于12月中旬发动起义。

不料，“肇和”等舰即将起义的消息不慎泄露。袁世凯得到情报后，大吃一惊，急命上海兵工厂（江南制造局）总办萨镇冰以检阅为名，调各舰出海。

鉴于情况紧急，陈其美只得提前行动，任命吴忠信为参谋长，黄鸣球为海军司令，杨虎为海军陆战队司令，孙祥夫为副司令，起义于12月5日16时发动，计划如下：

一、海军以“肇和”舰为海军司令部，杨虎率一部分人占领“肇和”，占领后即开炮猛击制造局；孙祥夫等率一部分部队分别占领“应瑞”、“通济”，以为“肇和”之辅助。

二、制造局同意之军队及城内闸北等所联络之军警，闻军舰炮声，即同时响应。

5日下午，杨虎顺利控制“肇和”舰，于18时炮击制造局。按照事先安排，炮声一响，租界内的数百名党人闻风而动，分几路进攻预定目标，但因寡不敌众而均告失败。

另一路的孙祥夫所乘小汽船因没有出港护照，被巡捕阻拦，未能抵达“应瑞”“通济”两舰。孙祥夫也许是幸运的，他可能没想到，情况已经发生了变化。

此前，驻沪海军总司令李鼎新命人携带100万元，收买“应瑞”“通济”两舰官兵，要求两舰炮击“肇和”舰，许诺事成后再给100万元。

200万元可不是个小数目。“应瑞”“通济”两舰官兵见钱眼开，于6日4时突然调转炮口，轰击“肇和”舰。“肇和”舰毫无防备，中弹起火，引发锅炉爆炸，伤亡惨重。杨虎等人一见大势已去，弃舰跳海，游水上岸。而留在舰上的数十名伤员无法转移，被俘遇害。

陈其美大闹上海滩，袁世凯芒刺在背，必欲除之而后快，就命冯国璋予以暗杀，来个以其人之道，还治其人之身。

冯国璋哪能管这种费力不讨好的“闲事”，又不能拖着不办，想来想去，将这项“光荣艰巨”的任务交给江苏军官教育团监理张宗昌。

张宗昌在“二次革命”时曾任讨袁军第3师代理师长，对陈其美的情况比较熟悉。接到任务后，张宗昌就派部下程国瑞、褚玉璞制订了一个周密的计划，并执行暗杀行动。

程国瑞、褚玉璞奉命行事，匆匆赶到了上海，开了一家鸿丰煤矿公司做掩护，并通过关系买通陈其美的熟人李海秋，设下了死亡陷阱。

李海秋找到陈其美，说鸿丰煤矿公司有一块矿地，想向日商抵押借款50万元，如果陈其美能介绍签约，可借给革命党20万元作为军费。陈其美正缺经费，又是熟人介绍，便答应下来。

1916年5月18日下午，李海秋、程国瑞（褚玉璞不想得罪党人，借故未参加行动）带着枪手来到陈其美设在法租界萨坡赛路（今淡水路）14号的机关总部，以商谈借款事宜为由，骗陈其美与之见面。

陈其美是搞暗杀的“行家”，平日里深居简出，高领大衣，一般只在深夜外出，很少与陌生人来往。这次，也许是鬼使神差，也许是命里该着，陈其美竟然答应见面。

双方见面，没说几句。李海秋、程国瑞乘陈其美毫无防备之际，连开数枪，陈其美饮弹身亡。可惜，在上海滩叱咤风云的陈其美，竟落得个如此悲惨的下场。

5月1日，孙中山从日本回到上海，组织反袁活动。谁料仅过半月，革命党人就遭此重创。孙中山十分悲痛，命机关总部庶务蒋介石为陈其美治丧。蒋介石在祭文中写道：“义弟蒋介石，致祭于英士义兄之灵曰：呜呼！自今以后，世将无知我之深，爱我之笃，如公者乎！”

作为陈其美的下属，蒋介石为报答陈其美的知遇之恩，后来对陈其美的两个侄子陈果夫、陈立夫兄弟呵护有加，关怀备至，二陈遂成为国民党

CC派掌门人。

辛亥革命时，杭州起义就是童葆暄挑头。5年后，浙军第2旅旅长童葆暄依然干劲十足，不减当年，他多次劝说兴武将军、一等侯朱瑞（督理浙江军务）宣布独立。朱侯爷思前想后，还是想宣布“中立”。

中立与独立，一字之别，差之千里。

童葆暄不能接受“中立”之说，一看文的不行，就只好来武的了。

他与警察厅长夏超、宁波独立旅旅长周凤岐、嘉湖镇守使吕公望、台州镇守使张载扬等人联系，准备实行“兵谏”。

1916年4月11日，夏超联络将军署卫队长陈炳垣做内应，自己率敢死队进攻，里应外合，一鼓作气占领了将军署。

4月12日，浙江宣布独立。

同日，宣布独立的还有宁波的周凤歧和台州的张载扬。不久，吕公望亦宣布嘉兴、湖州独立。其余的绍兴、金华、衢州，温江等处亦致电省城，支持浙江独立。

朱侯爷众叛亲离，由将军署后花园地道狼狈出逃，又连滚带爬从杭州逃到上海。侯爷本来就有肺病，经这一吓，竟于8月薨了。

童葆暄等人占据杭州后，召集各界代表开会，推举浙江都督。对于都督人选，大家分歧很大，与会者推来推去，竟推举不出一个合适的人来。最后，童葆暄支持巡按使屈映光为浙江都督。

没料到，老童这下可走眼了，也犯了看人不准、交友不慎的错误，后果十分严重。

屈映光官迷心窍，当伯爵当上瘾了，秘密给袁主子发电报，表示绝对效忠，誓死捍卫。随后，他转过脸来又说：“我只能以巡按使名义暂兼总司令，维持地方治安。”

14日，袁世凯公开发表命令，嘉奖屈映光：“该使识略冠时，才堪应变，功在国家，极堪嘉尚。著加将军衔兼署督理浙江军务。当此时势艰危，该使毅力热心，顾全大局，既已声望昭彰，务当终始维持，共策匡定。”

还真别说，屈映光将军太有才了，与龙济光将军可有一拼，半斤八两，不相上下，时人称之为：“粤、浙二光两面光”。

对于这种“两面光”式的无耻行径，浙江各界人士为之愤怒，周凤岐等文武要员纷纷声讨屈映光。

浙江国会议员致电浙江省各界揭露说：“屈映光以巡按使兼总司令布告内外，非驴非马。……屈氏在浙四载，平时唯知竭浙民脂膏，以固一己荣宠，旋复俯首称臣，首先劝进。其祸害民国，厥罪尤深。”

5月初，屈映光见不得人心，也怕自讨没趣，只好灰溜溜下台。

6日，浙江各界一致推举吕公望出任浙江都督，正式组成浙江省护国军政府。

为防止北洋军进犯，吕公望调兵驻防苏浙交界的枫泾镇，又派了一个团进驻安徽广德县，以防倪嗣冲南下侵犯浙境。

第十一章　八十三天洪宪朝

一、友邦也是大忽悠

袁世凯向来是个谨小慎微的人，他把帝制运动搞出这么大动静，不能不时刻关注列强的态度。

在帝制运动初露端倪时，正值欧战方酣。日本、英国等列强为了能在战后进一步攫取在中国的利益，不遗余力拉拢袁世凯，进行感情投资，确实明里暗里表示出支持袁氏称帝的意图。

其大概的意思是，英、日政府愿与中国联盟，只是英、日为君主制，中国为民主制，联盟恐不能长期巩固。所以，愿帮助中国建立强有力之政府（暗指实行君主立宪制）。

为此，英使朱尔典专门与袁世凯有过一次谈话。

朱尔典说："君主立宪实行之日，当不远矣。不但英国欢迎，凡英国联盟诸国，也绝无损害中国之意。中国现时政府，一人之政，仅系于大总统一身，大总统即时离任，无有能继承其事者，中国大局不堪设想，此种局面岂能长久？现行之共和系世界所无之政体，既非共和，又非君主立宪。此种特别政体，断难永远持久。若早日议决正当君主立宪政体，则与中国人民思想习惯丝毫不悖！"

袁世凯道："我曾于受任大总统时发誓维持共和政体。如今一变君宪，岂不出尔反尔？"

朱尔典说："国民议决共和，选举你为大总统，当然发誓维持共和，倘国民议决君主立宪，再举你为皇帝，发誓维持君宪，不仍然是顺从民意吗？"

袁世凯说："即改为君宪，也得另选皇帝才行啊！"

朱尔典说："再选他人为皇帝，除大总统外，各国必不承认。"

袁世凯说："君主民主本视民意而从违。若仍行共和政体，大总统任满可以休息养老；若君主政体，则责任太重，恐非我力所能胜。"

朱尔典说："推辞之故，非责任太重，或不肯放松现在权利。查现在各国，不论君主民主无有如大总统之权之重且大者。英皇之权无论矣，即德皇、日皇，美国大总统之权，皆不能及也。"

袁世凯又说："贵公使比论颇合情理，余处现实地位，百分责任，自担八十分，而各部共担二十分，按理而论，余应担二十分，而各部应担八十分，乃为公允。"

朱尔典说："若他人担如此重任，眠食俱废矣。"

袁世凯说："余思自为皇帝，不过若干年，惟与我子孙甚有关系。中国历史，王子王孙，年深日久，无有不弱之理，是亦可虑。"

朱尔典说："儿孙自有儿孙福，何必虑及百年以后之事！若能善立家法，令其多得学问阅历，则王子亦兴，平民子弟亦兴，若弃家法学问，则又从何而兴乎？"

袁世凯说："当日提倡共和者，不知共和为何物；今日主张君主者，亦不知君主为何物。多数人民不过有汉、唐、明清之专制君主印于其脑中，其或百中有一只知日本之君主，其或百中有一知德国之联邦，至于特色立宪君主，固未尝梦列也。"

朱尔典道："共和政体，华人未尝研究，君主政体，或稍知之。当辛亥革命之日，华民醉心共和，以此口号推翻满清。是时，大总统以为君主立宪近于中国人民理想，尔典与美使嘉乐恒亦曾主张君主立宪，即前驻京美使柔克义亦屡言之。南北讨论之时，唐绍仪因一时之感动，未察国家万年之计，主持共和，可谓失策矣。”

袁世凯说：“不过，这个问题仍得移归各省被选人员决议，方合正轨，若要是有人决于武力，有背民意，余必以武力制之。”

在以上谈话中，袁世凯表现得真真假假、虚虚实实。但不难看出，他对列强支持他称帝的态度还是蛮自信的。

唐在礼的《辛亥以后的袁世凯》一文中写道：“日本的公使日置益、顾问坂西利八郎、有贺长雄，英国公使朱尔典，美国的公使芮恩施、顾问古德诺，德国的公使穆默，他们对袁的帝制都不仅怂恿推动，而且催促得很厉害。”

1915年9月，日本首相大隈重信公开发表谈话称：今日中国民情及国民知识发达程度的实际情况，均未达到共和程度，袁世凯可以做中国皇帝而无愧。他通过驻日公使致意袁世凯，关于君主立宪事，请袁大总统放心去做，日本甚愿帮助一切。

可以说，当时没有一个外国使节对袁称帝表示不赞成的。因此，在复辟活动高潮时，袁世凯总给帝制派干将们打气鼓劲：“外交上没有问题，我已有把握，汝为之可也”，“此事外交一面，我已办妥，汝等可不管”。

可惜，好景不长。袁世凯怎么也不会想到，自诩“文明人”的列强们，会玩起“先捧场、后拆台”的鬼把戏。

随着形势进一步发展，袁世凯千夫所指，败相渐显，列强们出于各自利益考虑，突然来了个一百八十度大转弯，异口同声地反对袁世凯称帝。

日本黑龙会在《解决中国问题意见书》中写道：“一旦中国内乱发生而没有外力帮助镇压，我们相信袁世凯绝不可能以单独力量恢复和平与统一全国。我们应该使中国革命党人、宗社党人以及其他失意分子在全国范围内引起骚动。整个国家将陷于混乱，袁政府将因之垮台。那时我们将从4亿中国人中选择一位最有势力、最著名的人物，帮助他组织新政府，统一全中国。同时我国军队必须协助恢复全国的和平与秩序，保护人民的生命和财产，这样中国人便乐于顺从新政府，而新政府自然信任并依靠日本。”

1915年9月，日本外务省召开新闻发布会表示：中国变更国体，有关东亚治乱，日本正宜静慎研求，严密筹备，万不可于新闻上乱发议论。随后，日本首相大限重信发表谈话称，中国民主君主，本非日本所问，惟万勿因此致乱，有妨邻国商务。

接着，又有日本学者发表评论文章："古德诺博士等之论调，动以墨西哥共和国之前途为戒，令人谈虎色变，不敢不惟帝制是从。然世界之共和国可取法者甚多，何以妄自菲薄，只在以墨西哥旨况？国家之盛强，在改善国民之素质，仅注意于国体，以徒启国内之纷争，宁非失计之甚？"

这是一个明显的信号，可袁世凯猪油蒙了心，竟视而不见，继续做他的皇帝美梦。

10月28日，日本代理驻华公使小幡酉吉、英国公使朱尔典、沙俄公使库明斯基一同来到外交部，由小幡代表三国，提出口头质询，要求中国政府延缓变更国体，以防患未然。

小幡说："今观各地之情势，外观虽似各地对于帝制之实现，反对不甚激烈，实则反对之感情广为酝酿，不安之形势弥漫于各地。……中国如果一旦发生扰乱，中国之不幸莫过于此者，自不待言。即与中国有深切关系之各国及与中国有特殊关系之日本，所蒙直接间接之影响真有不可计者，东洋之和平亦不无因是陷于危殆之虞。……是以帝国政府本防祸未然，持东洋和平之衷心，兹对中国政府先告以中国今日之情况最堪忧虑，敢问果自信不致发生异变而得平稳实现帝制耶？"

英、俄公使也随声附和道："中国组织帝制，虽外观似全国无大反对，然根据日政府所得之报告，而详察中国之现状，觉此种外观，仅属毛皮，而非实际，此乃无可讳饰者也。反对暗潮之烈，远出人意料之外，不靖之情，刻方蔓延全国。若总统骤立帝制，则国人反对之气志，将立即促起变乱，而中国将复陷重大危险之境。且若中国发生事，不仅为中国之大不幸，且在中国有重大关系之各国，亦将受直接间接不可计量之危害。甚望中华民国大总统听此忠告，顾念大局，而行此展缓改变国体之良计，以防不幸乱事之发作，而巩固远东之和平！”

没想到昔日信誓旦旦、支持帝制的“友邦”来了这么一手。

帝制派人物相顾失色，纷纷议论道：“总统不是说外交已办妥了么，怎么又闹出这乱子来呢？”

事已至此，袁世凯震惊之余，孤注一掷，派外交次长曹汝霖照会三国：“主张帝制者已非一日，本国政府为维持现在国体，无不随时予以辩驳。然近来国民之主张变更国体者，日益增加，国内有实力者亦多数附和，因是结合益固，风潮益激。若专以力压制，不仅违反民意，且有妨害治安之虞，政府何敢负如斯重大责任，故唯有尊重民意。……当国体讨论甚形猛烈之际，政府恐因是发生事端，深为忧虑，再三电询各省文武官员，能否保持地方秩序，各省复电，每谓苟从民意解决国体问题，则各省皆可负地方治安之责。今各省特加注意，十分防范，断无可虑之事。其本国法权不到之处，尚望各友邦政府协力取缔，如斯则亦无造乱之余地。”如此自欺欺人的答复丝毫没有效果。

日本人气不打一处来，小幡、日置等人又提出质询：“此项回答，仍属暧昧。如中国数月内仍改帝制，……将认中政府为欺侮日政府之举。”

继日、英、俄之后，法国公使康悌、意大利公使华蕾又分别到外交部声明：“奉其本国政府之训令，法、意加入日、英、俄三国劝告。”

五国的外交警告更让袁世凯措手不及，意识到事态严重，急忙调整策略，含糊其辞，希望能敷衍过去。

11月11日，袁世凯令外交部约谈日、英、俄、法等国公使，进一步答复说:“国体改革已为大多数国民所决定。……应行各事，头绪纷繁，必须筹办。……复兴帝制一事，暂从延缓，本年断不实行。……意外之乱，果或猝起，中国政府自信无论何时，均有完全对付之力。”

这次，老袁的如意算盘又打错了。

12月12日，袁世凯不顾各方反对，正式承认帝制，接受百官朝贺。可是，袁皇帝龙椅还没坐热乎，日本政府就照会中国政府，斥责袁世凯说话不算数，要求袁世凯做出解释，并限15日前答复。

15日，日、英、俄、法、意等国又联合声明："曩者各国对于中国帝制问题，曾向中国政府劝告，其时中国政府常言固不急遽从事，且声明担保中国疆内之治安。日本及其他四国据此，以后对于中国决定执监视之态度。"

日本这回可动真格的了。

不久前，大正天皇举行了即位典礼。为表示中日"亲善"，袁世凯特派农商总长周自齐为贺礼赠勋特使，准备赴日为大正天皇授予与大总统同级的大勋位。原定于1916年1月24日到达东京，日本政府也准备按亲王的规格接待中国特使。

1月16日，中国政府外交部突然接到日方通知："俄国大使将至东京，不便迎接中国特使，且避两国间各种误解起见，请中国特使延期启行。""延期启行"是外交辞令，实际意思是拒绝周自齐赴日。

特使被拒是外交上的重大失败。日本人一点面子也不给，袁世凯热脸贴了冷屁股，颜面尽失，威信扫地。

本想派人再去疏通，日本公使却质问道："贵国政府前言实行帝制，国内断无骚扰，今云、贵之事，何时可平？又其他各省，是否能保无变动？"

袁世凯无言以对，又获悉日本暗中支持反袁势力，知道上了日本人的当，哑巴吃黄连，有苦说不出。

老袁还有更堵心的呢。使用"洪宪"纪年的公文都被外国公使馆给退了回来。袁世凯骑虎难下，进退维谷，只好对外仍称"中华民国大总统"，对内则称"中华帝国皇帝"，实行"一国两制"。

因此，人们风言风语，戏称老袁为"总统皇帝"、"中西合璧之元首"。

在这种情况下，元旦举行登基大典的计划宣告泡汤，只好由袁世凯的"皇后娘娘"于氏在新华宫接受了"命妇朝贺"，意思意思，就草草收场。

1月21日，日本外相石井约见中国驻日公使陆宗舆，会谈帝政问题。石井说："今特以日政府资格，面告贵使。原来贵政府欲改帝制，本系保证无乱。今明明云南有乱，竟于此时断行帝制，无视友邦劝告，则中政府之责任甚大，日政府当然不能承认。"

这还不算，日本准备承认独立各省为"交战团"。其他列强也表示，除非立刻取消帝制，否则危险将不可避免。

在内外交困的形势下，袁世凯的登基大典多次延期。至2月23日，袁世凯不得不公开发表延缓登基的命令："现值滇、黔倡乱，湘西川南一带，因寇至而荡析离居者，耳不忍闻。痛念吾民，难安寝馈！遽正大位，何以自安？予意已决，必须从缓办理。……此后凡有吁请早正大位各文电，均不许呈递，特此通令知之。"

二、五将军"反水"

进入3月份以后，北洋政府内政、外交、军事、财政等方面的压力越来越大，袁世凯的火也越上越大。

广西、广东等省宣布独立，列强又出尔反尔、翻脸不认人。更让老袁恼火的是，昔日一呼百应的北洋将领现在大都不听招呼，甚至连"自家兄弟"也来"逼宫"了，这让他无论如何也接受不了。

还有，由于筹备大典、征讨滇军等巨额开支，国库空虚，经济糜烂，财政已捉襟见肘。想再举外债已不可能，增加新税、发行公债又搞得民怨沸腾，中央政府的信誉岌岌可危，甚至出现了民众到银行挤兑的现象。

在这种形势下，都肃政史庄蕴宽向袁世凯提出了三条建议：一、帝国尚未成立，应立即取消洪宪年号；二、请将大典筹备处撤销；三、参政院没有存在之必要，应即休会。

需要说明的是，上述建议不是用奏折的形式上呈"皇帝御览"的，只是用了公函请政事堂转呈。

本来就窝了一肚子火的袁世凯看到这三条建议后，大发雷霆，下旨令老庄“辞职”后，仍恨恨不已。众叛亲离的滋味真不好受啊。

其实，袁世凯早有预感。他曾派阮忠枢跑到南京、徐州等地游说，希望凭着阮先生的三寸不烂之舌，劝说冯国璋、张勋联合各省将军发表拥护袁世凯的通电，起码最低限度要“不必明白赞成，亦不必正当反对”，力争从政治和舆论上占据主动，挽回败局。

不料，冯国璋、张勋哼哈二将这次既不哼也不哈，和阮先生玩起了藏猫猫的游戏。害得老阮跟一只没头的苍蝇，东一头西一头乱撞一气，也没搞出个所以然来。

比如，张勋一听说要他抽调10个营的兵力，开赴云南前线，想都没想，就以“徐州防务非常吃紧，难分出兵力”为借口，断然回绝了。

私下里，张勋向阮忠枢说出了心里话，即出兵有“四不忍”：“容纵长子，谋复帝制，密电岂能戡乱，国本因而动摇，不忍一。赣宁乱后，元气亏损，无开诚布公之治，辟奸佞尝试之门，贪图尊荣，孤注国家，不忍二。云南不靖，兄弟阋墙，寡人之妻，孤人之子，生灵堕于涂炭，地方夷为灰烬，国家养兵，反而自祸，不忍三。宣统名号依然存在，妄自称尊，惭负隆裕，生不齿于世人，殁受诛于春秋，不忍四。”听完老张这“四不忍”，阮老师也无话可说。

可眼瞅着袁皇帝交给的光荣使命要泡汤，阮先生也急了，不管三七二十一，按照袁世凯交代的意思，自己起草了一份通电，署上冯国璋、张勋的大名就发表了。

通电发表后，阮忠枢心里也很忐忑，生怕冯国璋找自己麻烦。不过还好，冯上将军压根儿没理这茬，阮先生悬着的一颗心才放回肚里。

燕雀焉知鸿鹄之志。不是冯国璋有涵养，不和老阮一般见识，而是冯国璋的志向远大得很咧。

云南起事后，唐继尧派代表李宗黄到上海与各方联络。袁世凯获悉后，电令冯国璋“严拿究办”。

冯国璋不仅不执行这一命令，反而两次接见李宗黄，表示：“至低限度，我这边的队伍是绝不会开去跟护国军打仗的，这一点，你请唐将军尽管放心。”

冯国璋向李宗黄又提出三点意见：一是赞同推翻帝制，恢复共和；二是由他负责维持长江中下游各部北洋军的绝对中立，尤将拒绝增援川、湘北军；三是必要时联络长江各督发表通电，请袁世凯取消帝制，并宣布调停时局办法。

要知道，冯国璋提出这三条是有底气的，“长江三督”以冯国璋为首，江西督军李纯、湖北都督王占元等人都曾是其部下兼“铁子”，一切都听“大哥”的。

除此之外，冯国璋还和四川将军陈宧、山东将军靳云鹏、湖南将军汤芗铭、广西将军陆荣廷、浙江将军朱瑞以及长江巡阅使张勋等人保持着紧密的联系。

从3月10日起，冯国璋“病体”康复，宣布“政躬渐就平复，自即日起销假视事”，以更加饱满的热情回到了领导工作岗位。

鉴于目前的局势，冯国璋决定以“和事佬”的身份出来表态了。冯国璋对人说：“我是他（指袁世凯）一手提拔起来而又比较亲信的人，我的电报对他是个重大打击。我们之间，不可讳言是有知遇之感的。论私交我应该拥护他的，论为国家打算，又万不能这样做，做了也未必对他有好处，一旦国人群起而攻之，受祸更烈。所以，我考虑的结果，决计发电劝袁退位。”

于是，冯国璋分别致电长江巡阅使张勋、江西将军李纯、浙江将军朱瑞、山东将军靳云鹏，哥几个一合计，决定心往一处想，劲往一处使，联名发出密电征求各省将军意见，史称“五将军密电”。

“密电”以调停人的身份毫不客气地对护国军和袁世凯“各打五十大板”：“其属于南方者：（一）取消独立；（二）退出战区；（三）保护

战地人民。其属于北方者：（一）取消帝制；（二）惩办罪魁；（三）请元首自行辞职以觇全国人民之意思。”

作为受袁世凯教育培养多年的北洋系骨干分子，五位将军对护国军方面提出的三条也在情理之中，而对袁领导提出的三条就不那么地道了。

鹬蚌相争，渔翁得利。这五位的意思太明白不过了：利用护国军扳倒袁世凯，同时利用北洋军打压护国军，他们独树一帜，从中渔利，两全其美。

对此，当时的《民国日报》做了详细的分析：“近日调停说，在时局上实有趣味之事，隐有三分天下之势，即中立各将军、袁政府、云贵军是也。袁对于中立各将军纯用离间手段使之彼此吞噬，以收渔人之利。今日各将军已深知其暗幕，不但不供其驱策，且有窃笑作伪心劳日拙者也。”

“五将军密电”效果不错，许多北洋大腕见有利可图，纷至沓来，趋之若鹜，其“对时局的态度，完全唯冯上将军之马首是瞻”。

这对袁世凯又是当头一棒。要知道，这五位将军手握重兵10余万，这还不算长江上游的王占元、陈宧和曹锟的7万多部队，他们都和冯国璋有着千丝万缕的联系。这意味着，现在有一半北洋军，袁世凯已指挥不动了。

这个密电，袁克定和杨度等人最先获悉，但没敢直接呈送给袁世凯。但又不能不让他知道，想来想去，还是由直隶巡按使朱家宝透露给了袁世凯。

老袁阅电后，如五雷轰顶，吓得魂飞魄散。

他后来对心腹说：“滇黔反侧，远在边地，尚非紧要。浙粤之变，余亦另有把握。冯乃我手下最有力量之人，彼竟公然宣布叛言，遂使各省皆为摇动，大事益为棘手，令予进退维谷。”

三、就怕流氓有文化

3月19日，日夜忧心忡忡的袁世凯又闻噩耗，当他看到直隶巡按使朱家宝送来的“五将军密电”时，两眼发呆，竟半晌说不出话来。

眼看着苦心经营数十载的北洋军转眼间就要四分五裂，自己赖以辉煌腾达的政治资本也要大蚀其本，袁世凯急得团团乱转，不知如何是好。

此前，甚至发生了大内总管袁乃宽（此人与袁世凯同乡同姓，便攀上了亲，称袁世凯为叔）的儿子袁英在新华宫内放置50多枚炸弹，意图刺杀袁世凯未遂的严重事件。

1915年11月，革命党人程潜向袁英询问京中帝制的情况，袁英就说：“一股走狗，不顾百姓死活，疯狂地忙着筹备大典，已定明年元旦登殿。情急万分，希望有人起义讨逆，我也可以从中做点小玩意儿给大家看看。”看来，在新华宫放炸弹就是他搞的小玩意。

内外交困，形势逼人啊。面对现在这种不利局面，鉴于庄蕴宽等人的前车之鉴，袁世凯身边的谋士们也是束手无策。不过，“智多星”杨士琦还是出了个“以退为进”的主意。

具体说来，就是主动宣布撤销帝制，缓解内外压力，全力保住大总统的职位，以图东山再起，也未可知。如果西南方面再不接受，“就是理在我方，北洋派会同仇敌忾、团结自卫，我们继续用兵就有把握了。”

留得青山在不愁没柴烧，这也是个没办法的办法。

袁世凯又把梁士怡找来，看梁有没有更好的主意。梁士怡也是六神无主，黔驴技穷。

袁世凯在桌上用手蘸着茶水乱画了半天，最后对梁士怡说：“事已至此，吾意决矣！今分数段进行，撤销帝制后，中央政事由徐菊人、段芝泉任之。安定中原军事，由冯华甫任之。君为我致电二庵（陈宧），嘱其一面严防，一面与蔡松坡言和。君与卓如（梁启超）有旧，以私人情谊，请他疏通滇桂。倘有法能令国家安定，吾无论牺牲至何地步，均无不可者。”

21日下午，袁皇帝主持紧急“御前会议”，讨论撤销帝制问题。参加会议的有黎元洪、徐世昌、段祺瑞等“老朋友”，还有杨度等帝制派干将。

此前，袁世凯专门派张国淦去天津请徐世昌进京。张国淦对徐世昌说：“时局危迫如此，若不彻底解决，大局将不堪设想。相国与项城关系，安可置身事外，不做最后之忠告。”

徐世昌说：“我本不赞成帝制，但是帝制已闹到这样地步，取消两字，叫我对项城如何开口。”张国淦一时语塞。

徐世昌叹了口气，又说：“中国事，都是做一步再说一步。退一层，此时实不便说。”

不久，张国淦第二次来天津劝驾，软磨硬泡，徐世昌只好起身进京。

盼星星，盼月亮，袁世凯总算见到了徐世昌。老哥俩关起门来谈了好长时间。徐世昌向袁世凯建议让段祺瑞出来主持军事，袁世凯沉吟良久，没有表态。

徐世昌问：“难道你对芝泉还有什么不放心吗？”

袁世凯叹了一口气说：“不是我不放心，而是怕他不愿意呀。”

老袁嘴上虽这么说，但心里还是认为，大家到底都是北洋人，一家子兄弟，有话好说。

但是，“南洋人”就不那么好说话了。

云南起兵后，袁世凯询问黎元洪：“吾欲易南军征之，奈一时无心腹劲旅，公肯为之推荐乎？”

黎元洪冷冷地说：“公曾谓南军皆含有革命性质，若有他变，某弗能负责。”

袁世凯说：“然则我军固无可战之兵耶！”

黎元洪不紧不慢地说：“公苟欲息事宁人，何必劳师动众，但得公一纸取消帝制明文，则事济矣。”

老袁闻言，勃然变色，过了好一会才说：“你还是让我好好想想吧。”

所以说，黎元洪、段祺瑞根本不愿意来参加这次“御前会议”。老袁亲笔修书：“请看在数十年老交情的份上，务必准时发驾！”其言辞恳切，声泪俱下。

黎元洪、段祺瑞等人实在推辞不掉，才来赴会。至于是来“分忧解难”，还是来看袁皇帝的笑话，那就只有他们心里晓得了。

老友相见，各怀心事。袁世凯拉着段祺瑞的手说：“我老且病，悔不当初，没听你的忠告，现在闹成这般光景，若取消帝制，还需要你帮忙。唉，外面的事拜托了。”

段祺瑞也是性情中人，见老领导憔悴了许多，心里不好受，急忙说：“容与相国熟计之，当竭吾力相助。”

会议开得异常凄惨。与会诸公面面相觑，一筹莫展。“袁氏始叹息痛恨不得已，惊惶万分，当以帝制应否取消，令各抒意见，与议诸人呆然莫知所答。……元首对之又怒又羞，而又欲泣，……乃帝制派之态度大变，俯首无言”。

见大家都不说话，老袁只好自说自话，率先提出取消帝制，“他们的目的已经达到，如果仍然不肯罢兵，那就是彼曲我直，我们就不怕他们继续捣乱了”。

既然“皇帝”开了金口，与会者各怀心事，大多数人表示同意。

这时，刚刚应召进京的安徽将军倪嗣冲表示反对。他大声说：“君主政体，中国行之数千年，何物小丑，敢以取消为要挟，臣誓死扫荡群丑而后已。”

听了这话，袁世凯很欣慰。他温和地对倪嗣冲说：“余二日来，昼夜筹思，始郑重而定此策，予愿汝勿复固执初见。”

见袁世凯“朕意已决”，大家也不便多说，会议最后决定如下事项：

（一）撤销承认帝位案，取消洪宪年号，仍以民国五年纪年；

（二）召开代行立法院、参政院的临时会议，以便取得取消帝制的法律根据；

（三）恢复黎元洪副总统职务，徐世昌复任国务卿，段祺瑞任参谋总长，陆征祥改任外交总长；

（四）由徐世昌主持南北和谈，黎元洪、徐世昌、段祺瑞三人联名电劝护国军停战议和。如果和谈成功，拟任蔡锷为陆军总长，戴戡为内务总长，梁启超为司法总长，熊希龄为财政总长，张謇为农商总长，汤化龙为教育总长。

不难看出，为了保住大总统的位置，袁世凯这次下了血本拉拢进步党人，甚至不惜以半壁江山拱手相让。

徐世昌知道这个烂摊子不好收拾，百般推脱。袁世凯又故伎重演说了一大堆“老朋友不肯帮忙谁来帮忙”之类的话。老徐只好勉为其难，电请南方政要伍廷芳、唐绍仪出任调人，准备和谈。

从法律程序上讲，改变国体是“国民代表大会”投票决定的。如今要撤销帝制也应由“民意机关”决定，但夜长梦多，再召集“立法院”已来不及了，袁世凯只好以政事堂奉大总统令的方式公布。

据说，撤销帝制令发表前，由杨度执笔，以袁克定的名义给袁世凯呈上一份奏折说：“由筹安会发生以迄于今，已历七阅月，此七阅月中，呕几许心血，绞几许脑力，牺牲几许生命，耗费几许金钱，千回百折，始达到实行帝制之目的。兹以西南数省称兵即行取消帝制，适是长反对者要挟之心。且陛下不为帝制必仍为总统，今日西南各省既不慊于陛下为帝，而以独立要挟取消帝制者，安知他日若辈不因慊于父为总统，而又以独立要挟取消总统乎？窃恐其得步进步，或无已时也。今为陛下计，不如仍积极进行之为愈。且西南各省虽先后反抗，而北方军民则相安无事。陛下如于此际正位，即使西南各党兴兵北犯，然地隔万里，纵旷日持久，未必能直捣燕京。况军力强弱各殊，主客劳逸迥别，胜负之结果，尚在不可知数乎。就令若辈不肯归化，忽不过长江或黄河南北为鸿沟已耳。则陛下纵不能统一万方，忽胡不可偏安半壁哉！今自行取消，孰行孰失，何去何从，愿陛下熟思之。”

看到奏折后，袁世凯又犹豫了，急忙叫人把命令从印铸局追回来，权衡再三，才下了最后的决心。22日，袁世凯正式发表撤销帝制的申令：

民国肇建，变故纷乘，薄德如予，躬膺艰巨，忧国之士，怵于祸至之无日，多主恢复帝制，以绝争端，而策久安。癸丑以来，言不绝耳。予屡加呵斥，至为严峻。自上年时异势殊，几不可遏，佥谓中国国体，非实行君主立宪，决不足以图存。……遂有多数人主张恢复帝制，言之成理，将吏士庶，同此悃忱，文电纷陈，迫切呼吁。予以原有之地位，应有维持国体之责，一再宣言，人不之谅。嗣经代行立法院议定，由国民代表大会解决国体，各省区国民代表一致赞成君主立宪，并合词推戴。中国主权本于国民全体，既经国民代表大会全体表决，予更无讨论之余地。然终以骤跻大位，背弃誓词，道德信义，无以自解，掬诚辞让，以表素怀。乃该院坚谓元首誓词，根于地位，当随民意为从违，责备弥严，已至无可诿避，始以筹备为词，藉塞众望，并未实行。及滇、黔变故，明令决计从缓，凡劝进之文，均不许呈递。……辛亥事起，谬为众论所推，勉出维持，力支危局，但知救国，不知其他。中国数千年来史册所载，帝王子孙之祸，历历可征，予独何心，贪恋高位？乃国民代表既不谅其辞让之诚，而一部分之人心，又疑为权利思想。……予实不德，于人何尤？苦我生灵，劳我将士，以致群情惶惑，商业凋零。……代行立法院转陈推戴事件，予仍认为不合事宜。著将上年十二月十一日承认帝位之案，即行撤销，由政事堂将各省区推戴书，一律发还参政院代行立法院，转发销毁。所有筹备事宜，立即停止。……主张帝制者，本图巩固国基，然爱国非其道，转足以害国；其反对帝制者，亦为发抒政见，然断不至矫枉过正，危及国家。务各激发天良，捐除意见，同心协力，共济时艰，使我神州华裔，免同室操戈之祸，化乖戾为祥和。总之，万方有罪，在予一人！今承认之案，业已撤销，如有扰乱地方，自贻口实，则祸福皆由自召，本大总统有统治全国之责，亦不能坐视沦胥而不顾也。

见过无耻的，没见过这么无耻的；见过不要脸的，没见过这么不要脸的。此文作者脸皮可算比较厚了，都快赶上袁大总统了。

一名老外曾在《东方杂志》撰文写道："中国国民性，又有好修饰文字之弊。袁氏颁布命令，往往好用华美之文词，以自文饰。非援用古圣昔贤之格言，则侈陈爱国爱民之苦衷。在言者恬然不以为耻，见者亦夷然不以为怪，此盖习惯使然，尤为中国可恐之一事！盖重文字而轻实行，则凡古圣先贤之所垂训，经史集传之所记述，皆不免为悦耳目娱心志之具，无复有感化世人之能力。甚且躬蹈万恶，仍可假文字以欺人！以如是之民族，而欲求存于世界竞争剧烈之场，不可得也。"

一言中的，一针见血。

据说，这篇命令是张一麐草拟，宫中智囊们数易其稿，最后由袁世凯敲定的。命令起草前，袁世凯把被其打入冷宫的张一麐请来，对张一麐说："予昏愦，不能听汝之言，以至于此。今日之令，非汝作不可。吾意宜径令取消，并将推戴书焚毁。"

张一麐说："此事为小人蒙蔽。"

袁世凯说："此是余自己不好，不能咎人。"

张一麐是帝制反对派，也曾是袁世凯的"大笔杆子"。他能写出这篇狗屁文章吗？如果真是他写的，那可真是"鬼迷心窍"了。

天不怕，地不怕，就怕流氓有文化。

通篇申令不仅丝毫看不出一点悔意，反把主张帝制者看做"忧国之士"，"言之成理"，"本图巩固国基"；而反对帝制者则"矫枉过正，危及国家"；当事人袁总统更是无辜，甚至成了"受害人"，他先是对帝制派"屡加呵斥"，在"更无讨论之余地"的情况下，还"掬诚辞让"，最后实在没办法了，"始以筹备为词，藉塞众望"，但"并未实行"。

最关键的是，袁世凯在这里又摇身一变，重提"大总统有统治全国之责"，轻描淡写、不露声色地把"皇帝"又变回了"大总统"。

尽管这样，撤销帝制的命令发表后，袁克定顿足捶胸，肝肠寸断，连连叹道：“我爸爸胆子太小了，要是换作我打死也不能下这种命令啊。”

在北海团城举行的一次会议上，袁克定破口大骂：“帝制改定了，现在已经是四海皆知了，怎能出尔反尔？那样不是更糟？事情到了这一步，谁能保不行帝制，袁氏家族永远没有危险？姓袁的不做皇帝，试问谁能担保？”说到此处，他举起拐杖，将窗上的玻璃捣烂，又抓起身边的一个花瓶扔向大衣镜，一声巨响，瓶镜俱碎。

取消帝制后，袁世凯“每日皆挟忧愤之色至居仁堂”，下令撤销大典筹备处，停止铸造和发行洪宪帝国纪念币，销毁所有关于帝制的公文书函840多件。

参政院在全体通过了撤销承认帝制案、撤销国民总代表名义及其决定的君主国体案后，宣布解散。这样，从洪宪元旦起，到3月22日被迫撤销帝制，袁世凯的八十三天皇帝梦破灭了。

即便如此，袁世凯并不甘心“皇帝梦”的破灭。

他一面给梁启超、唐继尧、蔡锷等人发电，要求护国军“罢兵息民、共图善后”；一面给前线的北洋军将领发电，称“发还推戴书，系为势所迫，并非根本取消帝制。蔡、唐、陆、梁迫予退位，君等随予多年，恩意不薄，各应激发天良，为予致力，富贵与共。如予之地位不保，君等身家性命亦将不保……”。

这就是说，撤销帝制只是权宜之计，一旦时机成熟，袁世凯还要卷土重来，黄袍加身。

就像当时有人分析的那样：“今日之取消帝制，亦不过惧大祸之将临，藉塞众口而已。况一面取消帝制，一面征讨共和，一旦战事得利，帝制必将复活。”

看来，我们的袁大总统是不见棺材不落泪，他过于乐观地估计了形势，而实际情况比他预想的要糟糕多了。

第十二章　自饮夺命“二陈汤”

一、一锤定音

1914年3月，白朗起义军进入陕西，不久进逼西安。袁世凯抓住机遇，一箭双雕，任命亲信陆建章为“西路剿匪督办”，率北洋军第7师“援陕”，“援陕”其实是“图陕”。

6月，袁世凯将陕西都督张凤翙免职，顺势由陆建章接任。陆建章深明主子的意思，想领导之所想，急领导之所急，把白朗军经过的商县、武功等20多个县的知事撤职，多以北洋派官员代替。另外，陕军原有2个师、4个独立旅，陆建章也予以裁减吞并。

不过，也有例外。独立旅旅长陈树藩脑子机灵，很会来事，给陆建章及其子陆承武送去上等烟土、古玩珠宝，还和陆少爷结拜为兄弟，顺理成章地成了陆建章的“干儿子”。

不仅送礼，还要卖命。陈树藩不惜血本，率部与白朗军激战，重挫白朗军。

白朗痛心地说：“吾率数千之众，纵横皖、鄂、陕三省两年之久，从未损好兄弟如此之多。”

不久，白朗败回河南，被张敬尧部击伤，遇难于河南鲁山县石庄。至此，白朗起义军完全失败。

这样，鉴于陆建章“剿匪”有功，劳苦功高，特别是与陆长官“沾亲带故”，陕军只有陈旅得以保留建制。

有了枪杆子，腰杆子才硬，才有话语权。

1915年5月，陈树藩升任陕南镇守使，独当一面，俨然成了一方诸侯。陈树藩可不傻，不会一棵树上吊死。他脚踩两只船，暗中收留了郭坚等反对北洋军的陕军军官。

陆建章获悉后，也知道陈树藩的为人，没有深究，只是命陈树藩采取行动，逮捕郭坚等人。

陈树藩可不想惹麻烦，偷偷将郭坚放走，回报“干爹”说，老郭已畏罪潜逃，我这正加紧缉拿呢。

1916年3月24日，郭坚在白水发动起义。陆建章任命陈树藩署陕北镇守使兼渭北“剿匪”总司令，同时派陆承武率“中坚团”3000余人进攻郭坚。

顾名思义，“中坚团”是一支精锐部队，配有大炮、机枪和骑兵。因此，陆承武有恃无恐，耀武扬威。郭坚见敌势汹汹，率部避其锋芒，游动作战。

5月8日，“中坚团”进至富平，进行休整，陈树藩旅的游击营奉命驻守富平城，执行警戒任务。

游击营营长胡景翼来头可不小，他是陕西富平人，自幼聪明好学，18岁加入中国同盟会，“二次革命”后流亡日本，后经多方疏通，辗转回国，“投靠”了陈树藩，准备积蓄力量，伺机东山再起。回国前，胡景翼曾面谒孙中山，表示：“俟破京后再迎先生！”

1924年，胡景翼与冯玉祥等人发动了北京政变，欢迎孙中山先生北上，实现了他的诺言。

1920年，胡景翼创办了立诚学校，培养了一大批优秀人才。其中，成为共和国副总理的习仲勋评价道：“胡景翼将军赤诚爱国，胸怀大志，献身革命，功劳卓著。他整军经武，有智有勇，知人善用，将士归心。他思想开明，追求进步，热心公益，造福人民。他襟怀坦白，光明磊落，谦恭礼让，平易近人。将军的一生虽然短暂，但他的高尚品德会永放光芒，他的光辉业绩会永垂史册。”习老的评价恰如其分，这从胡将军在护国战争中的表现就可见一斑。

驻守富平后，胡景翼反复劝说陈树藩，希望他看清形势，反袁逐陆。

陈树藩是个不折不扣的“投机分子”，他坚持观望态度，走“中间路线”，既不逐陆，也不打郭。

机不可失，失不再来。胡景翼不愿坐视，不再和陈树藩浪费唾沫，该出手时就出手。

8日晚，胡景翼带着两名侦察员，来到城内湖山书院“拜访”陆承武，借机仔细观察了陆的住所及周围布防情况，一个擒拿陆承武的行动方案已在脑中形成。

回到驻地后，胡景翼召集部下，进行战前动员：“陆承武穷凶极恶，侵扰渭北，蹂躏我乡里，残害我百姓，我部岂能袖手旁观！我们一定要打掉陆承武，为民出气。敌军虽然强大，但他们初来乍到，立足未稳，大部兵力驻在城外，我军正好出其不意，攻其不备，围攻敌团部，活捉陆承武。”

兵贵神速，说干就干。

午夜，胡景翼带队包围县衙和书院，展开攻击。陆承武就是一公子哥，吃喝嫖赌，五毒俱全，枪声一响，吓得屁滚尿流。当游击营士兵突然出现在书院门口时，陆承武魂飞胆丧，在几个护兵的保护下，由后门逃进县衙。

城内火光冲天，枪炮齐鸣。城外的敌军不知道出了何事，准备进城护陆，但在四个城楼的火力严密封锁下，伤亡惨重，寸步难行。

城内百姓也参加了战斗，他们高呼“活捉陆儿子”，拿着棍棒刀枪和游击营官兵一起围攻衙署。

胡景翼亲临前线指挥战斗，起义部队士气大振。午后，陆承武等人孤立无援，陷入绝境，乖乖俯首就擒。

消息传到西安，正在抽大烟的陆建章听说宝贝儿子被擒，六神无主，一下瘫软到烟榻上，连声说：这可如何是好，这可如何是好！他老婆也大哭大闹，寻死觅活。

没办法，陆建章只好服软，发电报给胡景翼："我认君为英雄，必不忍加害于英雄；君认我为君子，必不忍加害于君子之子，着派代表十五人前来富平接洽。"

这时，有人请求胡景翼杀了"陆儿子"，就任陕西护国军总司令，率部攻打西安，再除掉"陆老子"。胡景翼没有答应。他知道自己在富平的行动是与陈树藩的暗中支持分不开的，从讨袁护国的大局考虑，让陈树藩出来主持大计是合适的。

墙头草，随风倒。

富平起事后，陈树藩按兵不动，静观事态发展。他的如意算盘是，一方面希望胡景翼打败陆承武，逼走陆建章，自己好取而代之；一方面又担心胡景翼力量薄弱，万一失败，自己若牵扯进去，也是吃不了兜着走。因此，他表面上假装一无所知，暗地里派不少便衣带着几万发子弹，帮助胡景翼进攻县衙。

等形势逐渐明朗，陈树藩见风使舵，在胡景翼的力荐下，于9日就任陕西护国军总司令，在三原宣布陕西独立。

当然，总司令这个位置远远满足不了陈树藩的胃口。何况，他手里还握着一个宝贝呢。这宝贝就是陆承武。

陈树藩从胡景翼处要来陆兄弟，和"宝主"陆爸爸砸价，经过一番讨价还价，双方一锤定音，顺利成交：陆建章向北京政府保荐陈树藩为陕西督军，陈树藩释放陆承武，护送陆家离陕。

16日，陈树藩率部进入西安城。

18日，陆建章以咸武将军名义，陈树藩以护国军陕西都督名义，联名通电："树藩因欲缩短中原战祸，减少陕西破坏区域，于九日以陕西护国军名义宣告独立，一面请求建章改称都督，与中央脱离关系。建章念项城二十载相知之雅，则断不敢赞成，念陕西八百万生灵所关，又不忍反对。拟即各行其是，由树藩以都督兼民政长名义，担任全省治安，建章即当遄返都门，束身待罪。”

陈树藩志得意满，把陕西护国军总司令让给陆承武担任，对陆建章拍着胸脯保证：“你的明哲，我衷心诚服，保障你的生命财产的安全，我负完全责任。”

陆建章督陕这几年，自然没少划啦，其不择手段，堪称一绝。据说，陆建章知道陕军师长张云山很有钱，就让张云山每天都去陪他抽大烟，聊家常，旁敲侧击，勒索财物。

张云山不敢得罪顶头上司，只好今天送烟土，明天送金条，一来二去，越来越多。老张是又气又急又心疼，终于一命呜呼。

这还不算完，陆建章又以体恤下属为名，举行隆重丧礼，趁机霸占了张云山的女儿和他控股的富秦银行，人财两得，荤素通吃。

这还不算什么，陆建章敛财的方法多得很呢。比如，陕西当时盛产烟土。陆建章在省城设立禁烟总局，各县设分局，各镇设支局。说是“禁烟”，实际上就是“专卖”。同时，“鼓励”老百姓种烟，初种时有“初捐”，烟苗长大了有“次捐”，收获时有“亩捐”，卖烟时有“罚款”。有人说了，苛捐杂税太多，我不种烟总行了吧。那也不行，谁不种烟，还得交“懒捐”。

敲骨吸髓竟至如此，真是太有才了！

现在，有了老陈的这句话，陆贪官（兼任流氓）心里有底了，不慌不忙变卖多套房产，收拾金银细软、古董、存折、股票及名烟、名酒、名表，雇了120余辆大车，由全副武装的卫队保护着，大摇大摆离开了西安。

这也太欺负人了，兄弟们拼着性命得到的胜利成果，岂能如此送了人情，太便宜陆建章这小子了。

郭坚实在咽不下这口气，命部下在东关打劫陆家的车队。一阵乱枪，伏兵四起。

陆建章的卫队一哄而散，陆的四姨太死在混乱中，陆建章撇下绿呢大轿，撒腿就跑，躲到一个英国传教士的教堂里，才拣了条老命。不过，其万贯家财就这么没了，老陆哑巴吃黄连，有苦说不出。

二、二庵三电

四川将军陈宧身份比较特殊，他虽然是袁世凯的亲信，却不是北洋班底，而是黎元洪一手提拔起来的。

陈宧为人机灵，脑子活，以参谋次长代理参谋总长后，认为抱袁总统的粗腿比抱黎副总统的腰有前途得多。

据说，袁总统每次向陈宧咨询要政，陈宧都细心揣摩，得左右中三策，每策写好提纲，左策置左袖，右策置右袖，中策置靴筒内，再用心观察袁世凯的意向，把与老袁意见相近的提纲进呈。

袁世凯每每惊叹："二庵（陈宧）所见，实获我心啊。"

离京就职前，袁世凯说要将川、滇、黔三省军事交陈宧全权办理，让袁克定同他结拜为兄弟，又令军政各界举行欢送仪式，"军警密布，送行者纷集，京中文武显要无弗至者，不独民国以来空前之盛举，即后亦无继美者"。

但陈宧到四川不久，袁世凯即派张联棻做参谋长，冯学书担任政务厅长。张、冯都是北洋嫡系，实际上是来监视陈宧的。

所以，陈宧心里明白，擅长驭人之术的袁世凯只是把他当做一个棋子，加以利用罢了。一旦时机成熟，狡兔死、走狗烹的悲剧就会在他身上上演。

不过，陈宧也是个好演员。传说陈宧临行前，双膝跪地，泪流满面，请求袁世凯即皇帝位，并用嘴咬住袁世凯的靴尖，老袁不答应就不起来。随后，又把老娘留在北京作人质，好让袁世凯放心。

陈宧也是少年英俊，满腹诗书，仪表堂堂。当年他以"拔贡"身份进京会试时，前两场考得十分顺利，只是在最后一场没能按时交卷，被取消了考试资格。按理说，这种旧时的高级知识分子一般律己较严，不可能做出这种龌龊之事，也可能是以讹传讹，不足为信。

作为两湖大同乡，陈宧与蔡锷交情不错。在京期间，两人经常聚会，无话不谈。一次，蔡锷拜见袁世凯回来后，跟陈宧说：“项城今天称呼我为松坡先生，是出我意想之外的。”

陈宧开玩笑道：“喊你先生，就是要你先死。”

陈宧赴任前，蔡锷还把雷飚等人介绍给陈宧，请他放心任用，以为滇省内应。

蔡锷等人在云南宣布独立后，主政四川的陈宧一面向袁世凯讨好，积极劝谏，“请皇帝乾纲奋断，迅择吉辰，举行大典，布告天下，以正名份而奠人心，宧不胜迫切待命之至”；一方面对袁仍心存疑惧，感到就算是替袁世凯卖命打败了护国军，自己也不见得有好果子吃，于是与蔡锷、唐继尧函电往复，准备留条后路。

蔡锷入滇后，曾致电陈宧说：“我公高瞻远瞩，若能登高一呼，将见众山立应，除此大憝（指袁世凯），另建新邦，此间同人佩公甚至。”

陈宧接电后也曾私下说：“蔡松坡不是一个轻举妄动的人，老头子（指袁世凯）也有彼直我曲的表示，看来这个问题不是很容易解决的。”

等到黔、桂、粤、浙、陕等省响应云南护国讨袁，特别是袁世凯撤销帝制后，川中以张联棻为首的帝制派和以刘一清为首的共和派，明争暗斗日益激烈。陈宧依违其间，徘徊不定，闪烁不决，对自己的前途甚感忧虑。

他感到，袁世凯大势已去，如果坚持拥戴袁氏，必将与袁同归于尽，落得个身败名裂的下场。

亏本的买卖是不能做的。

为了稳妥起见，陈宧又派秘书胡鄂公去南京和冯国璋接洽，探听实力派人物冯国璋的态度，以便做好下一步打算。

胡鄂公千里迢迢来到南京，直言不讳地对冯国璋说："二先生（陈宧排行第二）现在的态度，完全是看将军您的意思。二先生说，如果上将军同意四川宣布独立，叫我立即发密电去，他就宣布四川独立。"

冯国璋听后，漫不经心地嗯了一声，就把话头岔开，说起别的事情来了。见冯国璋顾左右而言他，胡鄂公知道老冯心存疑虑，就又连续去了几回，说了很多掏心窝子的话，冯国璋对胡鄂公渐渐放松了戒备。

一次，冯国璋见左右没人，就对胡鄂公说："老头子手下都是些什么人，你心里清楚。老头子表面把我当自己人，从不掏心里话。我对他十分痛心，还有几个月他就要完了，癞蛤蟆难过端午节。你准备的电报呢？拿来我发到四川好了。"

得到胡鄂公的报告后，陈宧心里有底了，开始做独立前的准备工作。他派刘一清、雷飚作为他的代表，到川南与护国军保持联系，签订双方如下停战协议：

（一）两军暂守防线，无论大小部队不得进出步哨线外一步，如违约冒进，格杀勿论。（二）军使及信使出入，以两军高级军官所指定之道路为限。军使以二人为限，不得携带武器，以两尺见方白旗为标记。（三）凡有着便服、携带器具、徘徊于两军步哨之间者，准予射击擒捕。（四）此次停战自4月7日至5月6日夜半止。

为了解除在重庆的曹锟及张敬尧、李长泰等部对成都的威胁，陈宧急调冯玉祥、伍祥桢旅拱卫成都，只是李炳之旅被曹锟挟制，屡调不出。

为此，陈宧向蔡锷借兵，狮子大开口：本处兵力单薄，如欲及时独立，请以四个梯团兵力交雷飚率领，先到叙府与冯玉祥换防，使冯旅得应援省城，紧急时再由雷军赴援。

护国军第一军总共才4个梯团，哪能都交给陈宧，蔡锷感到很棘手，左右为难。

雷飚给蔡锷出了个主意：“请公不必拘泥，可派一个梯团或二、三营兵力，只说四个梯团就是。”

蔡锷依计而行，雷飚带领两营兵力以一梯团名义开往叙府，刘存厚所部随往，以壮声威。

陈宧可不好糊弄，他于4月20日再电蔡锷：务先借一梯团，且一须真正滇军，二须刘云峰统率，迅赴叙府。

蔡锷回复：已派“最朴勇善战之何支队先行来叙，后续部队抽选就绪，再行续派”。

陈宧也知道蔡锷实在无兵可调，就让参谋长张联棻携款2万元，到重庆协商李炳之旅调回成都之事，再转道南京面见冯国璋。

曹锟在重庆督战，整天躺在榻上抽着大烟，还让李炳之陪他唠嗑，云山雾罩，好不自在。

听说陈宧的参谋长求见，曹锟心里跟明镜似的。曹三爷听张联棻把话说完，收下了2万银元，笑着对张联棻说：“你也不必到南京去了，就在我这里住下吧！”张联棻无可奈何，李炳之也只好继续陪着曹锟聊天了。

为解除陈宧在重庆方面的顾虑，蔡锷又给陈宧打气壮胆：“蜀如宣布（独立），曹军绝不敢西犯，即张、李两师，似亦可联络就范，则曹势益孤，更无能为役。”

这时，四川民众群情激昂，省议员郭湘等76人联名致函陈宧，要求“为全蜀父老昆弟救危，明日宣布独立，与袁氏脱离关系。”陈宧权衡利弊，觉得时机成熟，不能再等了。

从5月3日起，陈宧连发三电，要求袁世凯退位。这三封电报很有意思，一封和缓，二封急迫，三封决裂。

第一封电文遣词造句，语气极为谦恭，似乎站在老袁的立场，替袁着想，为袁分忧。电文写道：时局颠危，南疆鼎沸，飘摇风雨，每念心摧。宧受钧座特达之知，重有封疆之寄，不以外间真实情况入告，则误国之罪，欺上之罪，二者均无可避。……退位之说，如果仅出于首事诸人一部分之口，尚可转圜，然不仅首事诸人这么说，主持清议诸人这么说，甚至举国人之心理也是这样，……可见如今大势已去，人心已去，虽有大力者，不能逆天以挽之。若再迁延时日，则分崩离析之祸，已见端倪，后患无穷。钧座就任以来，艰难缔造，苦心焦思，四载于兹，乃国人犹不见谅，种种责难，不如退居颐养为好。此非钧座对不起民国，实在是民国先对不起钧啊。

同日，袁世凯回电敷衍说，陈宧所言“实获我心”，但事关重大，还要妥筹善后。

5月12日，陈宧见袁世凯以“善后”为借口，含糊其辞，就又发一电，催袁退位。“今副总统黎元洪、内阁总理段祺瑞，均负中外众望。或依法以黎代理，或依法以段摄政，天下皆将称为得人，钧座亦与尧舜媲美。至于善后事宜，段黎二公必能胜任愉快。……敬恳钧座即日宣告退位，示天下以大信。”

陈宧以为，袁世凯阅电后，如果能“借坡下驴”，光荣退休，大家皆大欢喜。无奈，袁世凯骑虎难下，老马恋栈，迟迟不肯退位。

5月16日，号称“十八路诸侯”的温江、郫县、崇庆、灌县的民军，向成都郊外的青羊宫发动攻势，枪声彻夜不息，成都岌岌可危。

统兵大将冯玉祥也倾向独立。5月19日，冯玉祥率部来到距成都50里的龙泉驿，只身进城面见陈宧。老冯穿着士兵服装，蓬头垢面，髫鬌如猬，说是自开战以来就没洗过澡。

冯玉祥对陈宧说：“袁世凯利欲熏心，背叛民国，人民无不切齿痛恨，我们万不能丧失天良，帮着他干，你现在若还不通电独立，表明态度，那么，不但我的官兵全要哗变，就是你的卫队怕也无法维持；不但我的性命难保，就是你的自家生命也难望安全。这是大势所趋，丝毫也不容犹豫的。”

还有，停战期限已多次展期，护国军方面也多次催促陈宧公开表态，宣布四川独立，否则将重新开战。在这种形势下，陈宧已知事不可为，只好委曲求全。

5月22日，陈宧向国务院发出第三封电报：“宧为川民请命，两次忠告，恳其退位，项城虚与委蛇，是项城先自绝于川。自今日始，四川省与袁氏个人断绝关系。袁氏在任一日，其以政府名义处分川事者，川省皆视为无效。至于地方秩序，宧有守土之责，谨当为国家尽力维持，俟新任大总统选出，即奉土地以听命，并即解兵柄以归田。”

显然，陈宧还留了一手，只说“与袁氏个人断绝关系”。因为此时，袁世凯早已是人人喊打，行将就木了。

三、三把菜刀闹革命

靖武将军（督理湖南军务）兼巡按使汤芗铭统治湖南以来，大开杀戒，残酷镇压党人，大批革命党或疑似革命党被残害，人送绰号“汤屠户”。因此，汤芗铭成为革命党人眼中钉，肉中刺，必除之而后快。

1914年年底，中华革命党任命陈图南为川黔湘鄂联络使，派其回家乡桑植开展活动。

陈图南动员洪家关青年贺文常（后改名：贺龙）入党。贺龙血气方刚，问道：“孙中山这个中华革命党对贫苦农民有什么好处？”

陈图南说：“他主张平均地权，要人人有地种，人人有饭吃！”

贺龙说：“孙中山的道理是个好道理，我佩服孙中山，我参加。”

帝制运动发起后，中华革命党湖南支部长覃振接受孙中山的派遣，以特派总司令的身份回湘，主持党务、军事。

而此刻的“汤屠户”更是紧跟袁皇帝屁股后头，摇旗呐喊，不遗余力，是袁世凯亲信中的亲信，“威震三湘，名冠八侯”。

不过，汤芗铭早听说覃振的名头，知道这位仁兄很不好惹，就请哥哥汤化龙出面斡旋。

汤化龙自认为面子很大，就派人劝覃振道：“勿操之过急，等有机会一定请湘人回来主政，但必须保证汤芗铭安全离开湖南。”

汤化龙是进步党领导人之一，与梁启超等人关系密切。

此时，汤早已辞去教育总长一职，发电切责袁世凯，说他的脑筋尽为旧思想所弥布，非时代所能容，倘不立即下野以谢国人，千夫所指，必至无病而死。

这样呢，汤氏兄弟一个反袁，一个拥袁，无论哪方获胜，都可保汤家的荣华富贵。

可是，覃振根本不买账，不肯放过汤芗铭。他在湘乡、平江、浏阳、衡阳、益阳、宁乡等县发动起义，并派杨王鹏到长沙组织暴动。

1916年2月21日，杨王鹏率100多人进攻将军署。汤芗铭已有戒备，一场血战，起义军损失惨重，杨王鹏等人被俘。

24日，汤芗铭亲自审讯杨王鹏。

杨王鹏没有供述，只有控诉，历数袁世凯罪状，大骂汤芗铭为虎作伥，助桀为虐。汤芗铭恼羞成怒，命刽子手割去杨王鹏的舌头。杨王鹏怒目挥拳，喃喃不停。

汤芗铭疯狂之极，又命人割去杨王鹏的生殖器，剖腹挖心后肢解。汤屠户妄图以此摧毁革命党人的斗志。但是，凶残镇压是无济于事的，革命党前仆后继，三湘烽烟四起。

1916年1月21日，贺龙带人在石门县泥沙镇夺取团防局的枪支，成立“湘西讨袁独立军”，总兵力为300多人。随后，贺龙率部会同慈利、桑植等县的起义军，进攻石门县城。守军据城顽抗，起义军缺乏训练，万余人一哄而散。

贺龙没有灰心，返回洪家关重组队伍。几天后，贺龙率乡邻好友21人，携带1支火枪、3把马刀、3把菜刀，再度出击。

他们疾行45公里，于深夜赶到芭茅溪，袭击盐局税卡。贺龙用菜刀砍死税警队长姜玉清，缴获12支枪，把仓库里的财物、盐巴分给百姓。

贺龙一呼百应，又组织了1000多人的队伍。不久，罗剑仇在永顺发动起义，被黔军任命为护国军左翼独立司令。贺龙与罗剑仇取得联系，所部编为湘西护国军第1梯团2营，自任营长。

就在贺龙等人大闹湘西之际，在唐继尧、蔡锷等人部署下，东路黔军也向正湖南挺进。黔军第1、2、3团组成护国军东路支队，总兵力约为三、四千人，第1团团长王文华为司令，出击湘西。

1916年1月，王文华率1团经玉屏进入晃县（今新晃侗族自治县），2团在铜仁集中后向麻阳挺进，3团在天柱集中后向洪江、黔阳挺进。

与此同时，北洋军第一路军由6师师长马继增指挥，步、骑、炮兵达3万多人，号称“十万大军”，浩浩荡荡，陆续进入湖南。

巧合的是，王文华、马继增均与湘西镇守使田应诏相识，两军狭路相逢，大战在即，都想请田应诏助一臂之力。

作为“地主”，田应诏左右为难，谁也得罪不起啊。他的副参谋长陈渠珍（别号：玉鏊）主张暂守中立，作壁上观，看看情况再说，田应诏只好采纳其建议。

1月25日，北洋军先头部队从晃县向黔军1团进攻，1团退回玉屏。

北洋军旅长汪学谦压根儿没把黔军放在眼里，写信予以威胁道：“贵州兵单饷拙，器械陈旧。若是我们愿意打仗，早已饮马滇池了。”汪旅长如此狂妄，有些自不量力了。

这时，贵州都督刘显世勇气指数上升，指出北洋军的破绽：“以久居平原之故，不惯跋涉，扶杖乘舆，其情甚苦，天寒冻合，岭复山重，悬军深入，首尾相失，欲与我逾越险阻，轻捷如猿之兵相决斗，庸有幸乎！夫主客势殊，劳逸所判，危峰壁立，一夫当关，虽有多兵，限于地势，不能横行山国，虽有巨炮，厄于道途，无法运逼黔边。敌后方空虚，群情解体，土崩瓦解，可立而待。”

刘显世的分析不无道理。

黔军官兵多生于山区，登山涉水，如履平地，且装备极简，布衣草鞋，步枪在肩，弹带系腰，作战时见敌即散开卧下，就岩石林木，隐蔽其身，弹不虚发，俗称“麻雀阵”，“猴子兵”。

北洋军来自平原，“客场”作战，人生地不熟。况且，平日养尊处优，呢服革履，弹械箱笼，结队以随，似乎占不到多大便宜。

明知山有虎，偏向虎山行。

2月2日，正值大年三十，王文华命2营营长胡瑛于除夕夜奇袭晃县。北洋军正在大摆筵席，辞旧迎新，官兵们推杯换盏，喝得正起劲，毫无防备。

2营神兵天降，趁着夜色的掩护，发起突然攻击，一举占领县城。同时，黔军第3团在团长吴传声的指挥下，攻占黔江、洪江。5日，黔军第1、3团夹攻沅州（今芷江）。

吴传声身先士卒，带头冲锋，不幸中弹，英勇牺牲在沅州东门外的黄坛桥上，年仅40岁。

出发前，吴传声曾对3团的官兵说：“袁世凯窃国称帝，我们是有血性的军人，应誓死反对，我们为民国争生存而死，死了是光荣的。现在正是我们报国的大好机会，我决心与大家一起，宁死疆场，决不苟且偷生，让国贼逍遥自在。”吴传声兑现了他的诺言。

黔军官兵在吴团长的感召下，化悲痛为力量，奋不顾身冲向敌阵，一鼓作气夺取了沅州。

在沅州装殓吴传声时，王文华的参谋长范石生说：“啰鸾（吴传声的号）热心于革命事业，生平俭朴，阵亡时还穿着讲武堂时代的学生服，实令人钦敬！”

在这一战斗中，由于吴传声英勇顽强，北洋军再不敢藐视护国黔军了。那个大言不惭的汪学谦化装而逃，其礼服、照片、麻将牌都归了黔军。

16日，黔军第2团大败北洋军，占领麻阳。这时，陈渠珍率1个团驻守凤凰、麻阳交界。见机会来了，他便两头吃糖，一边命部下截夺北洋军溃兵的枪支弹药，一边向北京政府哭穷，说因武器落后而无法助战。袁世凯真信了，给了1000多支枪。

小小的黔军竟然连胜大大的北洋军，毙伤其约万人，贵州报纸称赞王文华为“黔中第一伟人”。

马继增正在窝火，没想到后院起火，北洋军唐天喜旅叛变，从背后捅了一刀，马继增受不了这个刺激，羞愤交加，举枪自尽。

唐天喜是袁世凯的同乡，长得俊美轻盈，乖巧可人，深得老袁宠爱，一直陪伴在袁世凯身边，官至旅长。

帝制撤销后，小唐主动请缨，想表现表现，涕泪横流地对袁世凯说：“天喜蒙大总统30年养育之恩，无以为报，现正用人之际，我要上前线去打蔡锷。”

正在困境中的袁世凯听后很是欣慰，心里热乎乎的，答应了唐天喜的请求，任命他为援湘副司令，让他去“建功立业”。

谁也没想到，唐天喜到了湖南，竟被赵恒惕等人以30万两银子收买，突然袭击了他本应去增援的马继增部。

马继增殒命后，袁世凯任命10旅旅长周文炳继任第一路军司令，又增派4个混成旅增援湖南。

3月，北洋军重整旗鼓，向黔军发动反攻。黔军与敌鏖战三昼夜，弹尽粮绝，被迫放弃沅州，退守湘黔边境一线的阵地，养精蓄锐，伺机而动。

打退了黔军，袁世凯论功行赏，授周文炳中将衔，给予二等文虎章。

北洋军刚刚松了一口气，滇军又来了。

1916年3月，唐继尧以护国军政府名义，任命程潜为护国军湖南招抚使，作为东路黔军进攻湖南的辅助力量，带领滇军的1个营经贵州进入湘西。

程潜入湘后，积极组织和动员民众，树旗招兵，声威大震，改编了大量地方守备部队和地方团练。

到4月中旬，除常德、桃源、沅陵等县，因驻有北洋重兵未能响应外，其余湘西20余县都已宣布独立，讨袁护国。

26日，程潜在靖县召开护国军湖南人民讨袁大会，有48个县派代表出席。会议推举程潜为湖南护国军总司令，编成3个旅，准备逐渐向南部和中部发展，“西与黔合，南和桂联，把汤芗铭驱逐出湘”。

程潜也派代表争取田应诏，田应诏又向陈渠珍征求意见，陈渠珍这次却主张自行宣布独立。

田应诏感到奇怪，问道：“玉鍪，前次你主张守中立，是对的，现在却又提出独立，有何依据？”

陈渠珍解释说：“珍闻识时务者为俊杰。袁氏叛国，九州共愤，四海欲诛，大势已去。军门拥有雄兵数千，地辖几县，三军用命，百姓同心。况且山区天险，民团骤起，军门讨袁义旗一举，莫不望风来归。天时、地利、人和，三者俱备，再不举事，更待何时？”

田应诏觉得还是陈渠珍有水平，将其提了半格，升为参谋长。

5月24日，田应诏在凤凰宣布湘西独立，自任湘西护国军总司令。

各路兵马纷至沓来，长沙四面楚歌，已成一座孤城，汤芗铭坐不住了。这时，陆荣廷率桂军已经进占衡阳，并就任湘粤桂护国联军总司令。蔡锷、陆荣廷频频电劝汤芗铭响应反袁，称可以担保其地位不变。

此外，在汤化龙的协调下，湖南前都督谭延闿还给汤化龙推荐了国民党军人曾继梧、赵恒惕等人，替汤化龙练兵保镖，希望能与汤芗铭捐弃前嫌，重新合作。

29日，汤芗铭权衡利弊，见好就收，宣布湖南独立，从此不再杀人。当时，有人就此事戏谑地做联曰：总统退位，将军独立；国民革命，屠夫封刀。

不久，桂军进入长沙，汤芗铭知道自己不得人心，只好乘乱仓皇北顾。

第十三章　反误了卿卿性命

一、反袁集结号

当“五将军密电”不再是秘密后，舆情哗然，袁世凯一手创建的北洋系面临着分崩离析的局面。

袁世凯知道大事不好，只好请徐世昌、段祺瑞等北洋大佬出山，希望借助他们的声望与南方护国军和谈，挽回危局，大不了“从头再来”。

从4至5月，袁世凯将政事堂改回国务院，先后让徐世昌、段祺瑞主持政府工作（徐世昌不久辞职，由段祺瑞代之）恢复责任内阁制。

内阁成员有：外交陆征祥、内政王揖唐、财政孙宝琦、海军刘冠雄、司法章宗祥、教育张国淦、农商金邦平、交通曹汝霖、参谋长王士珍。

表面上，袁世凯让徐世昌全面负责政治，段祺瑞负责军事，实际上仍旧不肯放权，即使在病中也每天召开“榻前会议”，亲自裁决军国大事。徐世昌、段祺瑞二人早已司空见惯，只好出工不出力，敷衍了事。

天大大势，分久必合，合久必分。

5月8日，就在北洋系“窝里斗”的当口，在两广都司令部的基础上，南方独立各省的统一领导机构——军务院在广东肇庆成立了。

滇、黔、桂、粤等省先后宣布独立，西南半壁江山已连成一片。梁启超等人认为，为统一护国军军政要务，应组建一个临时中央政权性质的机构。他们的理由是：“自非有最高权力机关，无以收统一之效，而对外亦不能就商。大总统违反民意，亦即丧失其资格，依约法副总统得代行其权限。黎副总统虽陷敌手，而总统资格，当然存在。总统之下有国务院，现当军政时代，则设一军务院，易国字为军字，庶觉名实相副。”

军务院实行合议制，设抚军若干，最高领导为抚军长（相当于国务总理），抚军之下设政务委员会，置政务委员长一人，综理一切政务。

经过充分酝酿，军务院组成人员如下：

抚 军 长：唐继尧

副抚军长：岑春煊

抚　　军：刘显世、陆荣廷、龙济光、蔡　锷、李烈钧、陈炳焜、戴　戡、罗佩金、吕公望、刘存厚、李鼎新

抚军兼政务委员长：梁启超

秘 书 长：章士钊

外交专使：唐绍仪

外交副使：王宠惠、温宗尧

唐继尧远在昆明，军务院暂时由岑春煊主持。岑春煊曾任前清两广总督，人脉广泛，他的加入使军务院增色不少，扩大了一定的政治影响。但是，军务院实权还是掌握在其首倡者梁启超手中。

从表面上看，军务院是进步党、欧事研究会及各派反袁势力的大联合。实际上，由于各抚军之间钩心斗角，独立各省仍旧我行我素，军务院形同一盘散沙，不可能起到“指挥全国军事，筹办善后庶政”的作用。

尽管如此，“军务院的成立，滇、黔、桂、粤联军西南，声震全国”。军务院敢于与北京政府分庭抗礼，表明了南方独立各省反对袁世凯的决心，“使世凯知西南不可屈焉”，增加了护国军与北洋政府的谈判筹码。

其实，南北和谈一直在进行当中，其谈判焦点在于袁世凯是否退

位上。

袁世凯撤销帝制后，一心想着保住大总统的宝座。但为了顾全自己的脸面，只好一面搬出黎元洪、徐世昌和段祺瑞三人做台阶，以图转圜；一面委托在南京的冯国璋斡旋其中，试图与护国军方面停战议和。

3月末至4月初，袁世凯以黎元洪、徐世昌和段祺瑞的名义，多次致电蔡锷、唐继尧等人，要求停战议和，并提出了议和条件。电文说道："帝制取消，公等当初之目的已达，务鉴国家之大局，先收干戈，然后共求善后之策。"

什么是"善后之策"呢，袁总统算盘珠子打得噼啪乱响，提出了六条：

一、滇、黔、桂三省取消独立；

二、三省治安由三省长官负责维持；

三、三省新兵一律解散；

四、三省派往战地的兵士一律撤回；

五、三省自即日起，不准与官军交战；

六、三省各派代表一人来京筹商善后。

这样的"条件"护国军方面当然不可能接受，反而坚持袁世凯必须卸任，否则免谈。

4月2日，蔡锷给黎元洪、徐世昌、段祺瑞回电："惟国是飘摇，人心网定，祸源不清，乱终靡已。默察全国形势，人民心理尚未能为项城曲谅。凛已往之玄黄乍变，虑日后之覆雨翻云。已失之人心难复，既堕之威信难挽。若项城本悲天悯人之怀，为洁身引退之计，国人轸念前劳，感怀大德，馨香崇奉，岂有涯量。……临电无任惶悚景企之至。"

出于私人关系，蔡锷的回电还算客气，而从护国军的角度答复袁世凯的口气就强硬得多了。针对北洋政府的六项条件，护国军提出：

一、袁氏退位后贷其一死，但须逐出国外；

二、诛帝制祸首杨度等十三人以谢天下；

三、大典筹备费及用兵费六千万元，应查抄袁氏及帝制祸首十三人的财产赔偿之；

四、袁子孙三世应剥夺公民权；

五、依照民元约法，推举黎副总统继任大总统；

六、除国务员外，文武官吏均照旧供职，但关于军队驻地，须接受护国军都督的指令。

为此，蔡锷一针见血地指出："袁逆之撤销帝制，一因兵事挫衄，外交逼紧，财政困穷，人心鼎沸，乃迫而出此；一因独立省份逐渐加多，护国军势力继涨增高，无力抗御。姑借此下台，以和缓国人之心理，孤我军之势力，仍盘踞现位，以为卷土重来之地。其狡猾无耻，实堪痛恨。吾侪既揭义旗，自须贯彻始终，方肯罢休。"

梁启超的态度也很明确："袁氏最大之罪恶，在专用威迫利诱手段，将全国人廉耻丧尽。若彼依然掌握政权，则国家元气必至澌灭无余，举国沦为禽兽，将何以立于天地。况且，袁氏威信坠地，中外共弃，岂复能有统治国家之力？今日之事，除袁退位外，更无调停之余地。"

冯国璋方面的协调工作也不顺利。冯国璋之所以答应袁世凯，与护国军交涉议和，其实是有着自己的小九九的。他一心想着借助护国军之力迫使袁世凯退位，浑水摸鱼，自己趁机登上大总统宝座。

为此，冯国璋提出总统地位、国会、宪法、经济、军队、官吏、祸首、党人八条处置办法。他主张："今舍去大总统而以副总统行使职权，殊于事实不合，不如承认袁大总统对于民国应暂负维持责任，迅筹国会锐进办法，一俟国会开幕，即重新选举未来之大总统。"

"冯八条"表面上暂时维持袁世凯的地位，实际上是阻挠黎元洪继任总统，为将来自己登上总统宝座创造条件。

此条件发布后，朝野一片哗然，纷纷指责冯国璋不明法律，乖谬百出。“冯八条”被驳得体无完肤。

冯国璋一看自己的货没人感兴趣，只好致电徐世昌等人，试探性地说：“南军希望甚奢，仅仅取消帝制，实不足以服其心。就国璋愚见，政府方面须于取消外，从速为根本的解决，望政府再进一步，以救现局。”

电文发出后，老冯怕“再进一步、根本解决”的意思表述不清楚，就直接致电袁世凯劝他退位：

窃自滇事发生，以迄今日，潮流浸灌，及于数省，盱衡时局，岌岌可危。国璋屡思有所陈说，辄以干冒尊严，惧被谴责。兹者祸机四伏，已迫燃眉，如鲠在喉，难安缄默，谨就管蠡所及为钧座披沥陈之。……倘国是久不解决，则星火或竟燎原。国璋即欲尽守土之责，亦恐力不从心。……我大总统干运中枢，统驭全国，而滇黔抗命，桂粤风从，民鲜安居，军无斗志。……国体甫改，劫运忽闻，致乱之由，可思其故。……为今之计，惟有吁恳大总统念付托之重，以补救为先，已失之威信难返，未来之修名可立。及此尊重名义，推让治权，开诚布公，昭告中外。

要说冯国璋胆子也够大的，竟然公开表态让老领导下台。看到连袁世凯最信任的冯国璋都“反水”了，一些北洋将领见风使舵。就连那些几个月以前还吁恳袁总统“速正大位、刻不容缓”的人，也纷纷要求袁氏退位，形势似乎朝着有利于冯国璋的方向发展。

为此，冯国璋以调停人的身份联名张勋、倪嗣冲发表通电，召集未独立各省的督军代表到南京“开会协议、共图进止”，名为“以拥护中央，保存元首为宗旨”，实则有意制造逼袁退位、甚至取而代之的局势。

时人评论说，南京会议“表面上系为维持现总统地位，其实黑幕中实有人利用此机会冀达其个人美满目的。盖现今局势已成项城必至退位，武力既不可恃，财政尤为穷迫，未独立各省势如散沙，一旦危迫，亦惟有出于独立之一途。故有人欲假托此会笼络未独立各省，结一大团体，以为将来提出条件，效辛亥项城之故事，向南方议和”。

尽管如此，袁世凯还是把“南京会议”当做一根救命稻草。他致电冯国璋、张勋、倪嗣冲三人，哀求道：“近日唐继尧、刘显世、陆荣廷、龙济光等以退位为要求，陈宧亦相劝我休息，均实获我心。予德薄能鲜，自感困苦，亟盼遂我初服之愿，决无贪恋权位之意。然苟不妥筹善后，而撒手即去，听国危亡，固非我救国之本愿，尤觉无以对国民。目下最要，在研考善后之道，一有妥善办法，立可解决。该上将军等现约同各省代表，就近齐集，讨论大计，无任欣慰。时局危迫，内外险恶，相逼而来。望将善后办法切实研求，速定方针，随时与政府会商，妥定各员责任，使国家得以安全，不致立见倾覆，幸盼曷极！”

“南京会议”于5月中旬开始。让冯国璋没想到的是，他压根就没有老袁那两下子，“南京会议”还是开砸了，只好草草收场，无果而终。

首先，北洋体制内的将军们各有各的打算，心也不往一处想，劲也不往一处使，根本形不成统一的意见。据当时媒体报道：“与会代表住所，冯设一处在城内，张（勋）倪（嗣冲）又另设一处在下关。其附冯者，必入城应冯氏之招待，其附张倪者，自必在下关投止。冯张倪三人之意见龃龉于此可知。”

大家都知道，冯国璋倒袁，倪嗣冲拥袁，张勋主张清室复辟，各怀心腹事，这个会怎么能开好。

开会的第一天，偌大的会场只坐着稀稀拉拉的几个人。冯国璋一看也太不像样子了，只好宣布延期举行。

一直等到5月18日，各省代表才陆续赶来。有23名代表参加了第一天的会议，大家公推冯国璋为主席。冯主席首先致开幕词，提出第一项议案即为总统去留问题，请代表们各抒己见。

在沉默了一会儿后，山东代表丁世峄站起发言道：“大局危迫，宜吁请总统暂弃尊荣，使天下早日息兵，以救危亡。山东现状危急，动酿国际交涉，故敝省人民希望和平解决之心，视他省尤切。”

接着，湖南代表也发言道：“此次滇、黔发难，因总统违反约法，以争法律之故，至于兵戎相见，欲进以法律解决，似当从严正解释，以平国人之心。”

随后，湖北、江西、山西、吉林等代表纷纷附和，主张袁世凯退位的意见渐渐占了多数。冯国璋认为此事关系重大，不敢冒昧表决，遂宣布休会，待明日续议。

当晚，倪嗣冲从蚌埠亲率卫队三营姗姗来迟。他来到下关招待所，对与会者大放厥词：“某等之主张，各省断不能反对。实在告知诸君，中华民国是袁总统一个人在前清手中夺过来的，天下即是袁家一人的天下。别人无论谁，何敢生野心妄想染指，即当以叛逆论，立地正法。反对的，亦一律问罪。什么大局不大局，袁总统做一天就算是大局安定一日，有主张袁总统退位的，便是破坏大局。打我老倪这说，袁总统今日宣布去位，今日北军就全变，明日去位，明日就全变，谁也别想活着。……冯华甫今日作高官享厚禄，睡在五更头，扪心想一想，是谁把他提拔起来的。……风闻着老冯别有心思，我亦不便明言。总而言之，一句话了事，他如果背叛袁总统，我姓倪的这条老命和他拼啦……”听老倪这么一说，大家大眼瞪小眼，不知如何是好。

第二天开会时，倪嗣冲率先发言：“鄙人为召集会议联衔通电之一人，昨日未及到会，殊深抱歉。鄙人以为，今日解决时局，关系国家之安危者为总统去留问题。使总统退位，大局果解决，天下果安，鄙人自无成见，惟恐操之过急，在今扰攘之中国遽生元首变更，军政财政上必发生重大危险、重大纷乱，不如稍假时日，徐图补救，使得依法律手续和平嬗递。总统平日甚谦，亦决无私天下之心，如此办法，似为较妥。”随后，直隶代表张恕等人相继发言，意思与倪嗣冲说的差不多。

这时，除了鄂、湘、鲁等省代表外，昨日那些主张退位“倒袁派”代表们，有的不敢吱声，有的支支吾吾、模棱两可，再不敢提让袁世凯退位了。见此情形，冯国璋也无可奈何，没打到狐狸反倒惹身臊，只好自认倒霉，宣告散会。

对于袁世凯保留总统的问题，北洋内部意见不一，西南护国军方面就更不买账了。

5月20日，为了搞清冯国璋的真实意图，争取各方势力对护国军的支持，梁启超从肇庆出发，经香港到达上海。随后，梁启超到南京会见了冯国璋，两人密谈良久。

24日，梁启超给唐继尧等人发电，称“桂粤大军仍宜猛进，湘赣勿稍松动，代表亦不好派。惟复冯电，大意宜云南省主张非袁退后，无协商善后之余地”。

接到梁启超的电文后，唐继尧给冯国璋回电：“敝处与黔、桂各省迭经宣言，非项城退位，无商量余地，亦为已定之宗旨，无待再议。故尊处兹会，如认项城退位为已决之问题，但当妥筹善后，敬当商同黔、桂、粤、浙各省，派员驰赴尊处，商承一切。如项城退位，尚待商决，则黔、桂各省宗旨久已标明，即可暂缓派员，俟尊处与赴会各省会议决定后，再行加入，较为适合。”

此时，被袁世凯解职的17省国会议员，早就憋足了劲儿，二百多人齐集上海，从法律层面发表宣言称：“今叛逆罪案，既已成立，照《临时约法》第四十一条，总统资格，业经丧失。副总统黎元洪按照约法第四十二条，应代行大总统职权，挽救狂澜，扶持大局。应使元凶伏法，永断祸根。”

另外，孙中山先生发表《讨袁檄文》，呼吁“誓殄元凶，再奠新邦”；唐绍仪通电痛斥袁世凯丧尽廉耻，必须退位；伍廷芳劝袁氏退位以求“灵魂的安乐”；张謇也要袁退位“以平民忿”……

此时，袁世凯已是人人喊打的“落水狗”，总统地位危如累卵，全国各地讨袁通电如疾风暴雨，劈头盖脸地砸向袁世凯：

——袁氏即日退位，听候组织特别法庭裁判，从速召集袁氏非法解散之国会议员，重谋建设。

——今日之事，惟袁氏一人实为戎首。袁氏一日在位，中国一日不宁。袁氏朝退，兵祸夕解。

——袁逆不死，大祸不止，养痈蓄疽，实为乱基！愿国人速以决心，再接再厉，扑杀此獠，以绝乱种！

风雨飘摇，大厦将倾，袁世凯的末日到了。

二、御弟革命

袁世凯生于1859年，1916年的时候58虚岁。

据说，袁家祖上寿命没有超过60岁的，但祖坟风水却很好，一边是龙，一边是风，龙凤呈祥，应出帝王。

基于以上两种原因，迷信思想较重的袁世凯十分注重养生保健。除了一日三餐有专门营养师配餐外，还经常进食牛肉汁、鸡汁、鹿茸、人参汤等各种补血强身、滋阴壮阳的滋补品，甚至请了两个奶妈供其喝人奶。

所以，老袁健康状况一直不错，饭量是常人的一倍，精力旺盛，极少患病，很有信心打破老袁家活不过60岁这一魔咒。

袁世凯称帝后，千夫所指，众口铄金。尤其是他最亲近的心腹都阳奉阴违，倒戈一击，“今之反对帝制者，当日亦多在赞成之列”，甚至跟随他几十年的“贴身”爱将唐天喜也叛他而去。这一系列变故对袁世凯的打击是毁灭性的，使他陷入难以自拔的痛苦和绝望之中。

其实，在整个帝制活动期间，袁世凯情绪起伏较大，时而高兴，时而紧张。据他的女儿回忆：“我父亲在这一阶段里的表现，也自然不同往常。他有的时候似乎很高兴，有的时候又非常不高兴。他不再像以前那样从容，而是比较紧张。他做大总统的时候，正常是晚间九时上楼休息。到了这个时候，却深夜还在办公和会客。”

他高兴时，就对最宠爱的二女儿凤祥、三女儿静雪说：“你们要好好念书，好好学习规矩礼法，将来要当公主啦。”

但袁世凯高度紧张的时候较多，有时甚至处于焦虑的状态。因为，老袁要做皇帝，不仅社会舆论让他心力交瘁，家庭矛盾也开始激化，让他恼火不已。

袁世凯共有一妻九妾，为他生育了17子15女。

长子袁克定系嫡出，按照中国传统，继承皇位顺理成章，他因此也成了帝制运动的骨干和急先锋。他经常跟父亲说：“大丈夫做事，要乾纲独断，不能仰人鼻息，任人掣肘。”

袁世凯承认帝制后，袁克定吩咐府中人员，要称自己为“爷”、于夫人为“老佛爷”（前清宫中这样称光绪、慈禧），并常常以皇太子自居，甚至给自己刻了一方“大皇子印”，趾高气扬，不可一世。

据顾维钧回忆：“留学德国的袁克定十分羡慕德国皇室的威望、德皇至高无上的尊严和皇太子享受到的荣誉和特权。从德国回到北京后，他积极鼓吹帝制，认为中国只有以他父亲为王朝的创始人，以他自己为王位继承人，才能成为富强的国家。”

但天不作美，袁克定在老家时因坠马摔伤，造成一条腿和一只手终身残疾，经常戴着一只手套。

袁世凯虽然有事总和大儿子商量，但也说他“六根不全”，难以“君临万民”，还说“袁克定的本领，叫他布置锡拉胡同，尚能胜任。叫他布置洹上村，他便办不了，中国这样大，他哪能胜任！”

承认帝制后，袁世凯制订了一个“开国祖训”，主要内容有：嗣子虽幼，母后不得垂帘听政，须择大臣中有才德位望者辅政冢宰；废除立储成例，亦不制定嫡长，但择诸子中有才德者，预定大统之归；诸子不得封王及参与政治，惟厚给资产，享毕生安闲之福，椒房之亲，不得身列要津等等。

显然，袁世凯打算要“立贤不立长”，比较中意次子袁克文和五子袁克权。

克文自幼聪明伶俐，琴棋书画、诗词歌赋，无一不精，是民国初年有名的大才子；克权为人忠厚，学问也不错。两人都是“太子”的理想人选。

大典筹备处曾给袁的儿子每人做了一身皇子服、皇子帽，各人穿着皇子服照了一张合影。

皇子服用黑呢子制成，上衣是西式大礼服样式，胸襟是一排排凸起的金绣，下身是西裤，两侧绣有一条金线。只有二子克文、五子克权的皇子服与众不同，他们衣服上的金绣是麦穗式样，其他皇子绣的是牡丹，这也许反映了袁世凯的用意所在。

踌躇满志要做“太子”的袁克定岂能善罢甘休，他放出话要杀了二弟，一时闹得沸沸扬扬。人们纷纷私下议论，袁皇帝还没正式坐上龙椅呢，家里就要上演“血滴子”了。

还有，袁世凯最宠爱的五姨太为了能当上皇太后，整天在老袁耳边嘀嘀咕咕，要求立她的儿子袁克桓为太子，老袁怎能不闹心。然而，更让老袁恼火的是假“顺天时报”事件，这也似乎为帝制运动的最终失败埋下了伏笔。

洪宪帝制酝酿期间，袁世凯十分注重社会舆论的反映，每天读报是老袁的“必修课”，他经常看的是日本人办的《顺天时报》。

要说袁克定也真够绝的，为了帮助老子下定实行帝制的决心，他竟花重金自己“办”了份“顺天时报”，无论版式字体都和真《顺天时报》一模一样。只不过这份报纸上登的全是支持帝制的文章，而且只“特供”给总统府阅读。

事也凑巧。总统府的一个丫鬟回家探亲，回来时顺路买了一包用《顺天时报》包着的五香蚕豆。府里有细心人发现这张报纸和平时看的报纸内容不一样，大家窃窃私语，不知是怎么一回事。

这事传到袁世凯耳朵里，他也感到很奇怪，找来同期报纸一看，果真如此，知道是有人暗中搞鬼，气就不打一处来。

第二天一大早，袁世凯把袁克定找来询问此事。袁克定见事已败露，只好一五一十全招了。被蒙在鼓里好久的袁世凯，一听是袁克定搞的鬼把戏，勃然大怒，操起鞭子把袁克定痛打了一顿，大骂其“欺父误国”不止，并说“我的事你不要管，你也不要乱接近人”。

袁克定跪在地上求饶，懊悔不已。偷鸡不成蚀把米，袁克定知道自己那个朝思暮想的“太子爷”恐怕是当不成了。

大儿子不争气，老袁喜欢的二公子也和他作对。袁克文仗着自己智商高、学问大，平时一副名士做派，目空一切，恃才傲物，放荡不羁。

他对帝制颇不以为然，声称如果父亲称帝，自己就离家出走，到英国留学，甚至作诗劝阻老爸曰：“绝怜高处多风雨，莫到琼楼最上层。”

袁世凯看到儿子写的这句诗，心里能好受吗。

自己的亲生儿子都不“给力”，就更甭说其他亲属了。

袁世凯的弟弟袁世彤不通文墨，听说哥哥要当皇帝，急忙找了个学究代笔，写信劝阻说：“古云友善则请劝，友过则相规。况兄与弟为骨肉之亲，读圣贤之诗，岂能恝然于度外耶。迩来兄之物议鼎沸，弟有掩耳不能听者。……不为祖宗计，亦自为终身计也。”

筹安会成立后，袁世彤专程从彰德赶到北京，质问袁世凯说：“杨度等竖子，乃敢倡此横议，殆本四哥所授意耶？”

袁世凯说：“这个我事先不知道。”

袁世彤说：“四哥既不知此，今彼等昌言叛国，业已明著，奈何不令行禁止？”

袁世凯好言道：“书生闲着无事，议论多而成功少。若无效果，自能归于消灭，奚烦禁止，徒兴文字之狱哉？民国共和，宜存宽大，干涉政治，甚非所宜。安能如清季专制，动辄禁人结社集会，吾弟何不察也？”

袁世彤一听也有点道理，就不好再说。

等到袁世凯正式称帝后，袁世彤又气冲冲前来问罪："兄长为何忽然想干这种事呢？纵然是做成了，兄也是清室逆臣，袁家不肖子孙。我劝兄尽快收回成命才是！"

袁世凯说："现在事已至此，无力挽回。何况天与人归，我也是顺从万民之意呢。"

兄弟俩话不投机，袁世彤拂袖而去，回到老家后竟然招募兵队，准备揭竿而起，起事"反袁"。

有道是清官难断家务事，当地官员不知所措，只好据实上报袁世凯。老袁获悉后长叹一声道："老六和我闹家庭革命了。"于是命令河南督军赵倜派出军队，将袁世彤所募兵丁解散。

袁世凯的妹妹袁书贞也反对老袁称帝。

兄妹俩的关系本来不错，日常书信不断，逢年过节都有礼物互赠。袁世凯称帝那年，袁书贞正好50岁。老袁派五子克权带着厚礼到姑姑家庆寿。

没想到，这位姑奶奶竟不让侄子进门，派人传话道："我娘家无兄，也无内侄。"

袁克权乘兴而来，只好带着一头雾水败兴而归。

袁世凯也挺纳闷，心想我这个妹妹怎么了，突然六亲不认了。

后来，袁书贞给袁世凯写了封信，解释说："袁张（袁书贞嫁给原山东巡抚张汝梅之子）两姓，世受清恩。兄代清而为民国总统，犹得曰是民主也，非篡窃神器可比。今兹称帝，兄何以见隆裕太后于地下乎？虽云顺从民意，以妹视之，直叛逆耳！妹幼读诗书，稍知君臣大义，请自今日始，兄为君主，妹愿为前清遗老之妇。"

袁世凯看信后，垂头丧气，一言不发。

不久，袁世彤与袁书贞共同在北京、天津各大报发表声明："袁世凯与予二人，完全脱离兄弟姊妹关系，将来帝制告成，功名富贵，概不与我弟妹二人相干，帝制失败，一切罪案，我弟妹二人亦毫不负究。特此声明！”

兄弟姊妹反目还不算，袁世凯那几个姨太太为册封的事也闹得不愉快。

老袁没做皇帝前，姐儿几个倒能和谐相处。老袁要做皇帝了，准备将原配于夫人封为正宫皇后，大姨太、二姨太、三姨太和五姨太封妃，六姨太、八姨太、九姨太封嫔。（四姨太、七姨太已去世。）

这下可捅了马蜂窝。

1916年2月17日，是旧历元宵节，袁府一大家子聚在一起吃元宵。（民间传说，袁世凯为避讳下令将“元宵”改为汤圆，事非如此。袁世凯曾说，袁与元，宵与消，音同字不同，不必加以理会。）

席间，六姨太率先发难，冲着老袁发牢骚说，如果不封妃就要带着孩子回彰德老家，八姨太、九姨太见状也跟着起哄，你一言我一语地吵闹不休。

原本心情不好的袁世凯无可奈何，长叹一声道：“你们别闹啦！你们都要回彰德，等着送我的灵柩一块儿回去吧！”

老袁说完，放下碗筷，一个人回办公室去了。

从此，袁世凯食量渐减，精神不振，慢慢地就恹恹成病了。

三、谁害了他

他山之石，可以攻玉。

日本首相大隈重信撰有《吊袁世凯警告中华民国》一文，现在看来，也是饶有意味。现摘略如下，以警国人：

自云南革命事起，为期不过四五月。以此短促之期间，而（袁世凯）竟现困疲之态，足以知华人生活方法，无有忍耐忧患之力。所谓华人之生活方法若何？其安乐主义是也。袁氏自得志为中国元首，安处深宫之中，卫队数万，侍妾十余，纵帝王之耒奢，极人间之奉养，一言以蔽之，则安乐主义而已。夫安乐主义，堕落主义也。肉体既习于安乐，则道德智能，百凡颓废，不复有任重处危之力。故大难一发，而憔悴抑郁，以病以死，凡以此也。袁氏年仅五十有八，与德皇威廉，齿正相若。彼德皇之困难，远出袁氏之上，兵临四境，已垂二年，驰驱千军万马之场，出入弹林硝烟之地，不特毫无困疲之色，而精神志气，益复发扬。以视袁氏之一败涂地，殆不可同日而语。则信乎生于忧患、死于安乐之说，为不可易也。

当然，这个小日本儿的话是别有用心的。

不过，在中国，如袁世凯这般权力欲特别旺盛的人为数不少。他们把政治当做自己的生命，于是有了“政治生命”这个极富中国特色的名词。

对那些身居高位的大人物来说，所谓“帝王总统均非所恋，汶上秋水，无时去怀”都是骗人的鬼话，他们在政治上穷途末路，生命也就快结束了。

云南护国起义后，繁重的军政事务把袁世凯累得“形神颇瘁”。

1916年元旦，进宫入贺的人都说他“面目黧黑，且瘦削，至不可辨认”。

帝制撤销后，国内形势仍不见好转，要求袁世凯退位的声浪此起彼伏。从此，老袁经常失眠，更加郁郁寡欢，病体日益加重，喜怒不定，已经“失其自信勇断之力，仅存一形骸矣”。

但袁世凯仍坚持亲自办公，接见重要的客人。当他不能坐着写字时，就躺在椅子上批阅公文。

这时，袁世凯忽然收到一封写着“慰亭总统老弟”亲启的信。

谁这么大胆子，敢和老袁称兄道弟？

原来，信是康有为寄来的。信中说：“……公起布衣，而更将相，身为中国数千年未有总统，今又称制改元，衮冕御玺而临轩，百僚称圣而上奏，已数阅日，亦足自娱矣。……今公对清室则近篡位为不顺，对民国反共和为不信，故致天怒人怨，不祐不助，不吉不利，公之近状，必无幸免矣。然则与其为国人之兵迫而退位，何若公自行交蹈之为宜耶?”

什么难听说什么，哪壶不开提哪壶。这封信老账新账一起算，极尽挖苦调侃之能事，又把袁世凯气得半死。

进入5月中下旬，袁世凯见大势已去，深感人心大变，事无可为，“苦闷焦躁异常”，终于卧床不起，无法视事。

这时期，一般公文则由袁克定代阅，由贴身秘书阮忠枢、夏寿田代批。对于重要的公文，由阮忠枢、夏寿田念给老袁听，老袁口授机宜后，再由阮、夏代行批示。

而所谓要公文，十之八九都是有关老袁退位的事。袁世凯看后，“必槌床大骂，有时因愤极而昏晕，失其知觉”。

5月29日，袁世凯授意发布《帝制议案始末》，回顾了帝制运动的过程，百般狡辩，推卸责任，混淆视听，把洪宪称帝看做是顺从民意、万般无奈之举，把袁皇帝当成了帝制运动最大的受害者。

袁世凯很委屈地说：“今日之反对帝制者，当日亦多在赞成之列，尤非本大总统之所能料及，此则不明不智无可讳饰者也。”

6月1日，袁世凯看到汤芗铭发来的电报后，情绪异常激动。随后，他召见蔡廷干询问列强对他依然保留总统位置的意见。

袁世凯说：“听说所有的公使馆都认为我将会或者定会辞职。”

蔡廷干说：“所有的人都认为您应当休息。”

袁世凯摆了摆手，不再说话。到了这天晚上，他的病情急剧恶化。

他对夏寿田哀叹道：“完了，一切都完了！我昨天晚上看见天上有一颗巨星掉下来，这是我生平所见的第二次。第一次文忠公（李鸿章）死了，这次也许轮到我！”

袁世凯最初的症状是排尿不畅，老袁讳疾忌医，不肯看大夫。后来病情加重，他又笃信中医，拒绝西医治疗，但仅靠中药调理已无济于事，不久便尿毒扩散，全身水肿。

他的女儿袁静雪说，他的病是洪宪称帝遭到了国人的反对，他在内外夹攻的情势下，精神上的压力为他致病的主要原因。所以，他虽然请了中医诊断，吃着中药，但这种心病是药力所不及的。

袁家经过商量，只好由袁克定出面，请来法国公使馆的医生贝希叶。贝希叶医生的诊断是膀胱结石，需要住院手术治疗。但老袁此刻神志尚清楚，死活不肯住院。只能进行人工排尿，以解除当前的痛苦。

贝希叶医生先在袁世凯后腰处扎了一针，接着用几个玻璃罐往外排尿。一会儿工夫，血尿几乎装满了小罐。袁世凯趴在床上，满头大汗，不住地呻吟，显然十分痛苦。

在袁世凯病危期间，袁家老小30多口人惊恐异常，情急失措。几个姨太太不离床前，悉心服侍。

值得一提的是，老袁的三儿媳妇张氏不知从哪弄来个偏方，从自己腿上割下一块肉，煮了一小碗汤，端到老袁面前。老袁一看就明白了，连连摆手说："不喝，不喝！"

6月5日晚，昏迷了好一会儿的袁世凯清醒过来，他知道自己快不行了。他命人叫来徐世昌、段祺瑞、王士珍等人交代后事。

医生打过强心针，袁世凯稳了稳神儿，环顾围在身边的人，对着徐世昌慢慢说道：

余殆将死矣。余纵横天下几四十年，视满清君臣、暴党匪徒如无物，不图晚年误听人言，致余之一世英名扫地，乃有今日。幸国事有依法承继之人，可勿置念。宋卿（指黎元洪）虽非大才，倘得兄与芝泉，如周召之夹辅成王，收拾时局，亦非难事。余所顾虑者，孤儿寡妇之生命耳。余死之后，君当顾念交谊尽力保全之。

大家忙安慰道："总统不必心焦，静养几天会好起来的。"

这时，于夫人带领各位姨太太和儿女，依次给徐世昌行礼。徐世昌慌忙答拜："断无后虑，某当以阖家性命担保之。"

6月6日上午，袁世凯已到了弥留时刻。

徐世昌、段祺瑞、王士珍、张镇芳等人及阖家老少候在屋外。袁世凯把袁克定单独叫到榻前说："这事我做错了，你以后不要再上那几个人的当了！"

10时40分，一代枭雄袁世凯撒手人寰，一命呜呼。

去世前，老袁嘴里含糊不清地吐出了几个字："约法……他……害了我……"

参考书目

1. 四川省文史研究馆编：《民国四川军阀实录（第一辑）》，四川人民出版社，2011年1月。

2. 李希泌、曾业英、徐辉琪编：《护国运动资料选编（全二册）上》，中华书局，1984年7月。

3. 中国人民政治协商会议全国委员会文史和学习委员会编：《文史资料选辑（合订本）第一卷》，中国文史出版社，2011年6月。

4. 刘敬忠著：《冯玉祥的前半生——兼对其自传<我的生活>辨析》，人民出版社，2009年12月。

5. 冯玉祥著：《我的生活》，中国工人出版社，2007年9月。

6. 中国人民政治协商会议全国委员会文史资料研究委员会编：《辛亥革命回忆录·第三集》，文史资料出版社，1981年8月。

7. 张洪祥等著：《布衣总统——曹锟》，吉林文史出版社，1995年3月。

8. 王成斌主编：《民国高级将领列传·第六集》，解放军出版社，1993年11月。

9. 谢本书著：《讨袁名将——蔡锷》，兰州大学出版社，1997年1月。

10. 王成斌、刘炳耀、叶万忠、范传新主编：《民国高级将领列传·第四集》，解放军出版社，1989年12月。

11. 中共中央文献研究室编；主编金冲及、副主编龚希光：《朱德传》，人民出版社、中央文献出版社，1994年5月。

12. 《当代中国人物传记》丛书编辑部编辑：《刘伯承传》，1992年11月。

13. 刘厚中著：《陈宧传》，中国文史出版社，2001年10月。

14. 陶菊隐著：《筹安会六君子传》，中华书局，1981年7月。

15. 谢本书等撰：《护国运动史》，贵州人民出版社，1984年4月。

16. 荣孟源主编：《近代稗海》，四川人民出版社，1987年8月。

17. 董方奎编著：《梁启超与护国战争》，重庆出版社，1986年8月。

18. 喻血轮著：《绮情楼杂记》，中国长安出版社，2011年1月。

19. 林阔编著：《袁世凯全传》，中国文史出版社，2001年9月。

20. 陈星编著：《民初纪元》，中国大百科全书出版社，2010年2月。

21. 何明主编：《北洋政府总理的最后结局》，中共党史出版社，2008年3月。

22. 金满楼著：《民国原来是这样》，现代出版社，2011年1月。

23. 蔡锷著、文明国编：《蔡锷自述》，深圳报业集团出版社，2011年10月。

24. 李洁著：《文武北洋》，浙江人民出版社，2012年4月。

25. 元坤编著：《直系教头冯国璋》，中国广播电视出版社，2011年6月。

26. 丁文江、赵丰田编：《梁启超年谱长编》，上海人民出版社，1983年8月。

27. 汤志均编：《章太炎年谱长编》，中华书局，1979年10月。

28. 湖南省志编纂委员会编：《湖南近百年大事纪述》，湖南人民出版社，1980年10月。

29. 郭剑林、郭晖著：《翰林总统徐世昌》，团结出版社，2010年1月。

30. 苏飞、田建群编著：《细说北洋段祺瑞、冯国璋》，内蒙古人民出版社，2009年8月。

31. 陈晨编：《黎元洪轶事》，人民日报出版社，2011年11月。

32. 顾大全：《护国战争与贵州》，贵州人民出版社，1985年9月。

33. 李凤权著：《胡景翼传》，陕西人民出版社，1991年8月。

34. 中国人民政治协商会议全国委员会文史资料研究委员会暨云南、贵州、四川、广西、广东、湖南等省、区政协文史资料研究委员会合编：《护国讨袁亲历记》，1985年12月。

35. 吴长翼编：《八十三天皇帝梦》，文史资料出版社，1983年12月。

36. 陆君田、苏书选编著：《陆荣廷传》，广西民族出版社，1987年9月。

37. 唐德刚著：《袁氏当国》，广西师范大学出版社，2004年11月。

38. 李书源著：《柔暗总统黎元洪》，吉林文史出版社，1995年3月。

39. 丁凤麟、施宣圆著：《护国运动主将蔡锷》，上海人民出版社，1984年11月。

40. 潘荣著：《教头总统冯国璋》，吉林文史出版社，1995年3月。

41. 周俊旗、汪丹著：《段祺瑞真传》，辽宁古籍出版社，1997年8月。

42. 中国人民政治协商会议全国委员会文史资料研究委员会编：《晚清宫廷生活见闻》，文史资料出版社，1982年9月。